地域ガバナンスシステム・シリーズ

東アジア中山間地域の内発的発展

―日本・韓国・台湾の現場から―

龍谷大学地域公共人材・政策開発リサーチセンター
企　画

清水万由子・尹誠國・谷垣岳人・大矢野修
著

公人の友社

目　次

　　はしがき ………………………………………………………… 4

第1章　東アジア中山間地域の内発的発展 ………………… 7
　　第1節　中山間地域の危機―中山間地域問題とは何か― ……… 8
　　第2節　東アジア（日本・韓国・台湾）における近代化 ……… 9
　　第3節　日本における中山間地域問題―背景と政策― ………… 17
　　第4節　中山間地域問題のゆくえ―世代間継承という視角― … 21
　　第5節　中山間地域における内発的発展―3つの着眼点― …… 23

第2章　韓国における内発的発展の現状と課題
　　　　　―台湾における内発的発展の取り組み状況との
　　　　　　　　　　　　　　　　　　違いに注目して― …… 33
　　第1節　韓国 …………………………………………………… 34
　　第2節　韓国の内発的発展と台湾の社区総体営造 …………… 58
　　第3節　内発的発展の持続可能性 ……………………………… 61

第3章　台湾における生物多様性を活かした内発的発展　67
　　第1節　近代化に伴う人と自然との関係喪失と新たな関係構築　68
　　第2節　台湾の近代化と内発的発展 …………………………… 69
　　第3節　台湾の生物多様性とその保全政策 …………………… 70
　　第4節　台湾の国家公園内外における
　　　　　　　　　　　　自然保護と住民主体のエコツアー ……… 71
　　第5節　生態系保全から中山間地域の再生へ ………………… 81

第4章　南信州・小規模自治体の自立構想と内発的発展
　　　　　―〈連合自治〉の発想を生かして― ……… 85
　第1節　「平成の合併」を経て、今は ………………… 86
　第2節　南信州はどのような地域か ………………… 88
　第3節　2つの危機指標 ……………………………… 89
　第4節　北海道町村における〈連合自治〉の模索から … 91
　第5節　新たな基礎自治の構想「南信州モデル」 …… 93
　第6節　阿智村における新たな基礎自治の展開 …… 95
　第7節　南信州の公民館活動と自治の気風 ………… 99
　第8節　南信州における飯田市の位置 ……………… 103

第5章　東アジア中山間地域の内発的発展―展望― … 113
　第1節　日本、韓国、台湾の現場から ………………… 114
　第2節　3つの着眼点 ………………………………… 115
　第3節　内発的発展　―近代化を問い直した先にあるもの―… 120

はしがき

　本書は龍谷大学地域公共人材・政策開発リサーチセンター（LORC）のプロジェクト「人口減少時代における持続可能な地域づくりのための制度的インフラと地域公共人材育成の実践的研究」（文部科学省私立大学戦略的研究基盤形成支援事業、2011〜2013年度）の研究成果の一部として刊行されるものです。

　本書の企画のきっかけは、LORCが2011年に主催した国際シンポジウム「東アジアから中山間地域の内発的発展を考える」でした。東アジアという"くくり"で内発的発展を考えるという発想は新鮮で、各国からの事例報告は非常に刺激的でした。その後、LORCでこのテーマを深めて研究する機会を与えていただき、シンポジウムの登壇者であった劉正奎さん（韓国・地域財団）、黄世輝さん（台湾・雲林科技大学）に加えて、具滋仁さん（韓国・鎮安郡村づくり支援センター）、宮崎俊作さん（国分寺市在住）の多大な協力をえて、韓国と台湾　下記の現地調査を行うことができました。

- 2011年3月17日〜22日：韓国鎮安郡、チーズ村、地域財団
- 2012年10月22日〜25日：韓国全羅北道鎮安郡村づくり支援センター、同完州郡地域経済循環センター、忠清南道禮山郡、ソウル市ソンミ山村
- 2013年3月25日〜30日：台湾屏東縣墾丁国家公園、嘉義縣阿里山郷、南投縣埔里鎮桃米里
- 2013年9月10日〜13日：南信州新聞社、高森町、大鹿村、中川村、飯田市

この他に、黄さんや具さんが来日される機会にインタビューを行ったことや、メールで質問に答えていただいたこともありました。こ

はしがき

の研究に取り組む上で、たくさんの方にお世話になりました。ここでお一人ずつのお名前をあげることはできませんが、現場で出会った方々から大きな力をいただいて、本書はできあがりました。とりわけ劉さん、黄さん、具さんには、訪問先を紹介していただいただけでなく、各国のリアルな状況を教えていただき、調査の道中でともに議論を繰り返した、かけがえのないパートナーでした。ここに記して、心より感謝申し上げます。

筆者たちにとって、韓国や台湾の中山間地域はまさに未知なる世界であり、限られた調査回数から得られた知見に基づいて執筆した本書は、あくまでも中間報告としての成果と言わざるを得ません。本書における不十分な点はすべて筆者の責任です。しかし、本書で描き出した東アジア中山間地域の内発的発展の現状と今後の展望に、読者の皆さんが何らかのリアリティを感じてくださるとすれば、それは本書で取り上げた地域社会の現場を生きる皆さんの力によるものに他なりません。

最後になりましたが、公人の友社の武内英晴さんには時間的制約の中でご無理をお願いし、本書の刊行を実現していただきました。記してお礼申し上げます。

筆者一同

第1章　東アジア中山間地域の内発的発展

第 1 節　中山間地域の危機—中山間地域問題とは何か

　2005 年、日本は長期の人口減少局面に入った。2010 年に 1 億 2800 万人余りだった総人口は、2060 年には約 8600 万人まで減少すると予測されている（平成 24 年推計値、出生中位推計）。さらに 2060 年には総人口にしめる生産年齢人口割合が約 50％、高齢者人口割合が約 40％ と拮抗することが予想されている。
　その数十年後を先取りしているかのような変化が起こりつつあるのが、中山間地域だ。進学や就職のために村を出て行った息子や娘は帰ってこない。60 歳で定年を迎えた「若手」が集落の仕事や農業を担う。それでも耕作放棄地や空き家が増え、山林は荒れて行く。いつかは限界を迎え、村は高齢者ばかりとなって「限界集落」化し、集落消滅の危機を迎えるのだろうか——そんな危機感に満ちた話を、実際に訪れた村々で、また書かれたものをつうじて、幾度となく聞いた。
　65 歳以上の高齢者が人口の過半数をしめ、次第に社会的共同生活の維持が困難になっていく集落をさす「限界集落」という言葉は、「過疎」を超える「限界」という表現が持つインパクトゆえに注目をあつめ、多くの論争を呼んだ。場合によっては集落の「消滅」を避けるために、積極的な「撤退」を選択することも、リアリティを持って語られるようになりつつある（林・齋藤，2010）。
　中山間地域の危機とは、いったい何なのだろうか。中山間地域を対象に農業・農村政策研究を続けてきた小田切徳美によれば、日本の中山間地域の多くは、「人」「土地」「むら」の空洞化現象に直面している（小田切，2009）。都市部への人口流出による社会減に加えて、

死亡率が出生率を上回る自然減少が始まり、「人」の空洞化が起こっている。人口減少に伴って耕作放棄地や荒廃林地が増え、農山村で維持されてきた「土地」が空洞化している。そして、自治の担い手としての「むら」の空洞化、すなわち農地・山林や祭りなどを維持してきた集落の寄り合いや共同作業といった、共同体機能の低下である。そして、それらの空洞化現象の深層には、地域の人々がそこに住み続ける意味や誇りを喪失しつつある「誇りの空洞化」「心の過疎」とも呼ぶべき事態が進行しているという。

つまり、中山間地域で起こっている問題とは、そこで人々が営んできた社会の物質的・精神的な基盤全体が崩れつつあるという、きわめて包括的な問題なのである。これを中山間地域問題と呼ぶとすると、それは単に農山村の人口減少という現象だけを扱っていてはだめで、都市化した社会が生み出した問題として、その根底にあるしくみや価値観の問題として考えなければならない。

これまで農業・農村政策や中山間地域を長く研究してきたわけではない筆者らが、いま中山間地域問題に注目する理由も、そこにある。都市地域においても、中心市街地の空洞化、単身世帯における若年者や高齢者の孤立と貧困、郊外都市の人口減少など、各種の空洞化現象が現れつつある。両者を別々のものとして考えるのではなく、日本の地域社会に普遍的な問題を含むものとして考えるべきなのである。

第2節　東アジア（日本・韓国・台湾）における近代化

本書のもう1つの焦点は、東アジアという地域への着目である。ここでは日本、韓国、台湾にしぼり、続く各章もこれら3か国での

事例調査によっている。本書は国際比較研究としては十分なものとは言えないが、それでも東アジアという"くくり"で相互に比較しながら考えることで、中山間地域における内発的発展というテーマの意味と、実践における可能性をよりクリアに見いだすことができるのではないかと思う。

　はじめに、今日、さまざまな意味で東アジア最大の存在感を示す中国をここに含まない理由について少しふれておきたい。それは、中山間地域における内発的発展というテーマに関わって、中国はいくつかの点で他の3か国と共通の文脈をもたないことにある。第1に、3か国に比べて地方自治制度が十分に整っておらず、中国共産党が中央集権体制を堅持していること、第2に、基本的人権の保障や情報公開などにおいて民主主義社会としての基本的な制度条件を欠くと思われること、第3に、それゆえ今回は現地調査による十分な情報収集・分析を行える体制にないと考えたことも、さしあたり中国は例外として扱うことにした理由である。

　しかし、地域間格差問題や公害問題など、工業化・近代化に伴う社会問題が激しく生じる渦中にあって、解決の方向性が見えない中国においてこそ、内発的発展の可能性を見出すことが求められている。日本・韓国・台湾の経験を整理した上で、中国での内発的発展の可能性を探る機会を待ちたいと思う。

　では、日本、韓国、台湾という3カ国について、中山間地域の内発的発展というテーマで論じることの積極的な意味はどこにあるだろうか。それは、共通性のある発展様式を経験してきたと言え、「東アジアの奇跡」（世界銀行，1994＝1993）の典型である3か国であるからこそ、今日に至って中山間地域における内発的発展が求められる共通基盤を一定有していると思われるからである。「キャッチアップ型」は3カ国の共通のキーワードであり、その背後に追いやられていた価値と運動が、中山間地域の内発的発展というテーマに

内包されて現出してきているとは言えまいか。

　ただし、歴史的に見れば日本と韓国、台湾の間には大きな違いがある。日本では占領下の戦後改革で、十分ではないにせよ民主化がすすむとともに、（旧）日米安保体制のもとで経済開発に注力できた。1950年代から高度経済成長とともに公害問題や都市問題が噴出し、都市は農村から労働力を吸収して、都市近郊農地は住宅、公共施設、商業施設、工場などになっていった。しかし、韓国と台湾では日本による植民地支配が終焉したのち、ともに権威主義体制を経て、経済発展と民主主義を獲得している。韓国と台湾における地域開発と近代化の経緯については、第2章、第3章で言及されるため、ここでは簡単に確認するにとどめ、**表1-1**に略年表を示す（岩崎，2001；文，2005；伊藤，1993）。

　日本の降伏とともに旧ソ連の侵攻、南北分断、朝鮮戦争と混乱が続いた朝鮮半島で、1953年の休戦以降、韓国ではようやく国家再建に取り組みはじめた。朴正熙らが軍事クーデターによって樹立した政権は、「漢江の奇跡」と呼ばれる高度経済成長を実現した。軍事政権による独裁政治に対しては、学生ら国民の民主化要求が繰り返され、1987年に盧泰愚大統領から「民主化宣言」がなされて、大統領の直接選挙制度や地方議会選挙などの地方自治制度が導入された。

　台湾では1947年に国民党が上陸し、一党独裁体制を確立した。台湾もまた朝鮮戦争以降、奇跡的な経済成長を遂げた。一方で、続く国民党の強権政治に対する台湾人（本省人）の不満と、1971年の国連脱退と各国との国交断絶という国際的孤立状態の中で、台湾の民主化を求める動きが内外で顕在化した。戒厳令が解除された翌年の1988年、蒋経国の死によって台湾人として初めて国民党総裁となった李登輝が、民主化改革をすすめ、国民党の一党支配体制は終わった。

　日本の植民地支配を受けていた韓国、台湾は、日本の敗戦によっ

表1−1　日本、韓国、台湾の略年表（1945年以降）

	日本・世界	韓国	台湾
1945	第二次世界大戦終結、日本降伏		
			国民党軍が台湾占領
1947			2.28事件
1949			戒厳令施行
1950		朝鮮戦争勃発	米大統領「台湾海峡の中立化」宣言
1951	サンフランシスコ講和条約調印		米と共同防衛相互援助協定締結
1952	日華平和条約調印		
1953		朝鮮戦争休戦協定調印	
1954	日米相互防衛援助協定締結		
1956	国連に加盟 水俣病公式確認		東京で「台湾共和国臨時政府」樹立宣言
1960	安保闘争 池田内閣「所得倍増計画」策定		
1961		軍事クーデター、国家再建最高会議議長に朴正煕	
1963		朴正煕が大統領に当選	
1964	東京オリンピック		
1965	日韓条約調印 米、北ベトナムを爆撃開始		
1970	公害対策関連14法成立	セマウル（新しい村）運動	
1971			国連を脱退 中国、国連に復帰
1972	日中国交正常化	南北共同声明発表 全国に非常戒厳令 （十月維新）	
1973	第4次中東戦争、石油危機	東京で金大中拉致事件	
1975	ベトナム戦争終結		蒋介石が死去
1976	ロッキード事件		

年			
1977		国際貿易収支が黒字に転じる	
1979		朴正熙射殺事件	美麗島事件
1980		戒厳令全国拡大（全斗煥が指揮） 光州事件	
1985		政府が温山病を公害被害認定	米大統領、台湾の民主化を勧告
1986			民主進歩党（民進党）結成
1987	国鉄分割民営化	6.29民主化宣言、盧泰愚が直接選挙で大統領に	戒厳令解除
1988		ソウル五輪	李登輝が総統に就任 林園事件（石油化学コンビナート事故）
1992	地球サミット開催	金泳三が大統領選挙に当選	
1993		GATTウルグアイ・ラウンドで「例外なき関税化」受入れ	
1991	バブル崩壊 ソ連崩壊	地方議会選挙実施 国連加盟	
1996		OECDに加盟	
1997		アジア通貨危機、IMFに支援要請 金大中が大統領選挙に当選	
1999			9.21大地震
2000		南北共同宣言署名	民進党の陳水扁が総統選挙に当選
2002	第1回日朝首脳会談		
2008			国民党の馬英九が総統選挙に当選

（筆者作成）

て「光復」を迎えたわけだが、韓国は半島における内戦状態と南北分断、台湾は国民党政権と大陸中国との政治的緊張関係／経済的従属関係と、直ちに冷戦構造の中で政治的な外圧につよくさらされ、

13

経済は混乱をきわめた。**図1-1**に見るように、1945年においては最貧国レベルであった両国が、1980年代には一人当たり実質GDPの世界平均を超え、きわめて高い成長率を記録したのは、ともに「外から」資本不足を補い、開発独裁国家による徹底した「上から」「外へ」の輸出志向型工業化によるものとされている。後進国が、先進国の技術を導入しながら先進国に追いつき、先進国を追い越す「キャッチアップ」は、少なくとも経済成長という面では成功したし、そこに政府の存在がきわめて重要であったことは確かだろう。[1]

内発的発展は、こうした「上から」「外から」の発展、つまり欧米型の近代社会を表層的にとらえ、キャッチアップ型工業化による経済成長を目標としてすすんでいくような社会のあり方へのアンチテーゼとして、関心を集めた概念でもある。

「上から」「外から」の発展の一つの帰結として、都市の膨張がそこには伴ってきた。戦後、ソウルは海外からの帰還者や半島北部からの「越南」人口が、台北は国民党関係者が流れ込み、その後も都市は膨張を続けた。日本では三大都市圏(東京、大阪、名古屋)に総

図1-1　日本、韓国、台湾における一人当たり実質GDPの推移
(単位：購買力平価で換算した実質ドル)

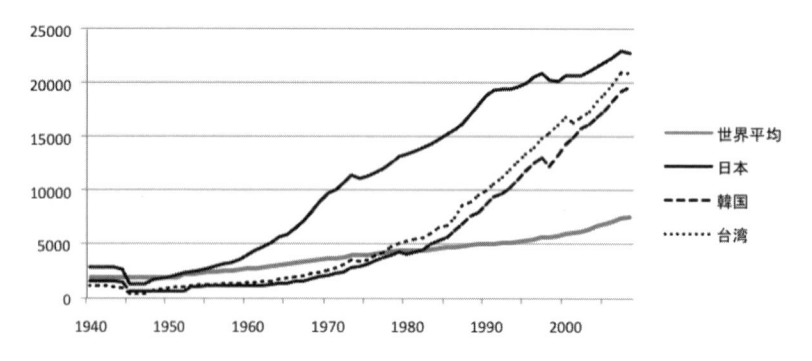

(Angus Maddison, Statistics on World Population, GDP and Per Capita GDP, 1-2008 ADを利用して筆者作成)

人口の約半分、ソウル大都市圏（ソウル、京畿道、仁川市）には総人口の約半分、そして台湾では6大都市圏（台北、新北、台中、台南、高雄）に総人口の約7割が集中する。**図 1-2** に見るように、韓国では1950年代以降、日本以上の急激な都市化をとげている。日本と韓国は、1950年以降ほとんど都市化が進行していないイギリスを超えて、都市化が進行し続けている。DEMOGRAPHIAによる世界の都市圏人口ランキングでは、東京-横浜都市圏（約3,700万人）が1位、ソウル都市圏（約2,200人万人）は4位、台北（約730万人）は44位となっている。また、人口密度ではソウル都市圏10,100人／km^2、台北6,400人／km^2、東京-横浜都市圏4,400人／km^{2}となる。

劇的な工業化・都市化が進む裏では、農業・農村にも劇的な変化が起こるはずだ。ここでは日本、韓国、台湾における農業・農村に関する基本状況を確認しておこう。1つは、自然条件およびの共通

図 1-2　日本、韓国、イギリスにおける都市人口割合の推移（単位：%）
　ここで都市人口とは、各国で都市地域と定義される地域に居住する人口をいう。2012年以降の値は予測値。

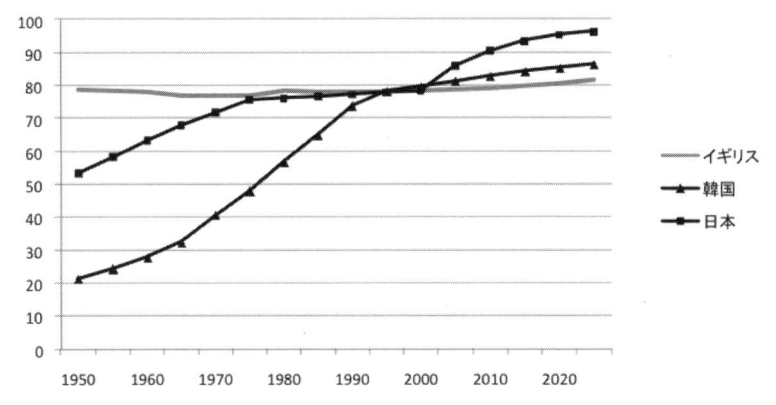

(Population Division of the Department of Economic and Social Affairs of the United Nations Secretariat, World Population Prospects: The 2010 Revision and World Urbanization Prospects: The 2011 Revision をもとに筆者作成)

性である。東アジアは全体としてモンスーン気候で、温暖湿潤という共通性を持ち、3か国とも米が主要農産物であることも共通している。ただ、日本と韓国は温帯〜冷帯に、台湾は亜熱帯に属している。台湾の自然が生産力に富んでいることは、筆者も現地調査で体感したところである。また、**表1-2**に見るように、国全体の経済活動に農林水産業の占める割合がきわめて小さいことも共通している。

2つめには、戦後3か国とも農地改革を行い、地主制の解体と農業の合理化・近代化が進められ、自作農を基本とすることである。[2] 1970年にはじまる「セマウル運動」は、農村の近代化をめざしたもので、農民の「勤勉、自助、協同」をモットーとして、政府主導で環境改善、所得向上など農村開発事業が行われた（野副, 2007）。

3つめに、日本、韓国、台湾はともに急速な工業化を進める一方で、農業保護政策をとったことである。土地や労働力などの資源を工業部門へと移動させるかわりに、価格支持政策や関税等によって農業所得を維持することで、農村の過疎や都市の過密による社会的・政治的不安を緩和する狙いがあった（本間, 1987）。ただし、韓国はGATTウルグアイ・ラウンド以降、農産物の輸入自由化をにらんだ国際競争力強化のため、農業分野で巨額の投資を行っている（農林中金総合研究所, 2004）。

表1-2　日本、韓国、台湾における農林水産業の地位と農地の状況（2011年）

	日本	韓国	台湾
耕地面積（千ha）	4,561	176	808
国土面積における耕地比率（%）	12.1	17.6	22.3
GDPにおける農林水産業の割合（%）	1.1	2.4	1.8

（農林水産省資料）

以上のように、全体として見れば、3か国は同様の経済発展と社会変化を経て、今では繁栄と自由を謳歌しているようである。しかし、日本と韓国、台湾がこの60余年にたどってきた道は、似ているようで違っているという事実——特に、「民主化」の重みの違い———に、日本人はもっと自覚的であるべきだと思わずにはいられない。また、日本では集落の歴史を江戸時代あるいはそれ以前にまで遡る農山村集落は珍しくないが、韓国と台湾では事情が異なることにも注意しておく必要がある。ここで詳しく展開する余裕はないが、伝統的社会は植民地政府により支配統制され、言語をはじめとする地域文化を次世代に伝える機会が奪われていたというのが、一般的状況であろう。東アジアの中山間地域の内発的発展を考えるということは、そうした歴史的な視点をもって、日本の近代化をいま一度相対化し、評価しなおすことを避けられない。

第3節　日本における中山間地域問題—背景と政策

　中山間地域の内発的発展が検討課題となる際、日本、韓国、台湾それぞれに背景と政策があるだろう。韓国と台湾の詳細は後の章に譲るとして、ここではさしあたり日本での文脈を確認しておこう。
　中山間地域とは、日本に独自の用語である。農林統計上の農業地域類型のうち、山間農業地域と中間農業地域を一括して呼ぶもので、広い平地を確保できないために大規模な耕作や工業開発を行いにくいことから、条件不利地域（disadvantaged area）となっている。中山間地域は、国土面積の約7割をしめ、総農家数の約4割強、農業集落数の約5割をしめており、日本の農山村において決して無視できない存在である。

図 1-3　中山間地域の分布状況

（平成 20 年度　食料・農業・農村白書　p.118）

　かつて日本人のほとんどが農民であった時代が終わると、農山村は、食料、建材、エネルギー（薪炭）などの供給地となった。戦後の工業化が進む時代には、都市へと労働力を供給した。しかし、1954年の日米相互防衛援助協定（MSA 協定）によるアメリカ産小麦・大豆の輸入、1964 年の木材輸入全面自由化、1960 年頃から進んだ薪炭から石油へのエネルギー転換と、食料、建材、燃料はいずれも外国からの輸入に依存するようになってしまった。また、都市で働き生活基盤を得た若者たちは、都市で子育てをし、その子らもまた都市に暮らすようになった。このように日本ではわずか 50 年余りの間に、農村の社会的位置づけを劇的に変化させてきたのである（保母,

2013)。

　限界集落の概念を提起した大野晃は、高知県の中山間地域での調査から、1960年代以降の林業衰退が山村衰退の原因であるとした。工業と農林業との構造的な格差が、生活基盤の水準や公共サービスの格差をもたらし、人口減少を進行させたというのである。前節で見た戦後の工業化の帰結としての構造的な農工間地域間格差を指摘したものであり、農林漁業政策の見直しを迫った（大野，1991）。

　農林漁業と工業との間の格差が住民の所得格差として拡大し、それが固定化されていたなら、日本の農山漁村はすでにないだろう。安東誠一の『地方の経済学』によれば、じつは1970年代に、特段の産業化がなかったにもかかわらず、東北地方では全国との人口一人当たり所得格差は縮小しているという。その理由の1つは、地方の労働力が企業の補助的な労働力として使われたことであり、もう1つは、公共事業や社会保障等による財政移転である。つまり、成長の駆動因および増分はつねに域外から来るということだ。[3]

　農山村の過疎問題は、高度経済成長期の1960～70年代にすでに顕在化しており、政府も無策であったわけではない。過疎対策は、4次にわたる10年の時限立法である過疎法を軸として展開されてきた。人口と財政力を基準とする「過疎地域」要件に該当する市町村に対して、生活・産業基盤整備や、医療・教育・福祉など公共サービスの充実を目的とした事業や補助金交付が行われてきた。保母武彦によれば、過疎法は過疎地域における社会資本整備を促すものであり、ハード整備には一定の効果があったと認められるものの、それが人口減少や雇用機会の確保、農山村らしい生活空間の形成につながったかという視点から見れば、成果は必ずしも明らかでないという[4]（保母，2013）。過疎地域（中山間地域）の現状を見るならば、それらは過疎を根本的に食い止めることはできなかったという評価にならざるをえないのである。

ではソフト面の政策対応はどうであったろう。中山間地域の産業は農林業である。農業基本法のもとでの日本の農業政策は、農業所得の向上を主眼とされ、農山村の地域政策は、地域振興関連法で取り扱われてきた。農山村を地域社会として見る目線が、日本農政には長らく乏しかったのである。1992年に策定された「新しい食料・農業・農村の方向」は、農政の課題には農業の公益的機能の担い手としての農村の維持も含まれるという認識を示し、日本農政の転換点となった。2000年に制定された食料・農業・農村基本法により、農山村集落の維持や農業の多面的機能の確保を目的に、中山間地域直接支払制度が導入された。（1）耕作放棄の防止や水路・農地等の管理などに資する、5年以上継続された農業生産活動と、（2）国土保全機能、自然生態系保全、グリーン・ツーリズム機能を高めるような多面的機能増進活動に対して、集落ごとに取組み内容を決めた協定を結んで、国からの交付金を受けるというしくみである。この制度によって、耕作放棄地の発生が抑制されていると考えられるほか、集落協定にもとづく活動に対する交付金が、内発的発展を促進するための原資の一部となる可能性が指摘されている（小田切, 2010）。

　このように、中山間地域問題への対応は、産業政策的アプローチに限界をみとめ、農山村集落がもつ資源の多面的な機能や価値に目を向けるものとなっている。しかしながら、地域が生活の場である以上、人々が生活の原資を得られる構造がなくてはならない。中山間地域の小規模な農林漁業が、今日のグローバル市場経済の中で生き延びて行こうとするなら、つねに革新的で競争力のある商品・サービスを求められるであろう。さもなければ、国の財政措置に依存するしかないのだろうか。地域経済を再構築するという課題は、いまなお中山間地域問題の根本にある。

第4節　中山間地域問題のゆくえ―世代間継承という視角

　少子高齢化と過疎が進む集落の問題を、世代間の人口変動という視点からくわしく見ているのが、山下祐介の『限界集落の真実――過疎の村は消えるか？』である。少し長くなるが、中山間地域問題を、内発的発展という概念からとらえ返すためにも、山下の議論をややくわしく紹介しておきたい。

　山下が強調するのは、限界集落と呼ばれる、過剰な人口排出を経験した集落でも、その背後で地域に定住し生活し続けることを選択した世代（その最後が昭和一桁世代）がいたことによって集落が存続してきたこと、そして他の世代が定住を選択しない場合には、定住世代が高齢化を迎える今、集落の危機を迎えるという問題構造である。

　さらに山下は、高齢化率の高い集落は中山間地域だけにあるのではないと指摘する。地域の生業と地域（集落）成立の経緯によって5つのタイプに分けられる。すなわち、①近世までに成立した農山漁村である村落型、②戦後の開拓に成功せず第二世代が域外に流出した開拓村型、③城下町や宿場町など古くからの都市である伝統的町、④明治期以降に新興した鉱山町や林業町などの原料生産、織物産業や鉄鋼業など近代初期工業を担った近代初期産業都市、⑤1960年代に大都市近郊農地や丘陵地につくられた開発の早い郊外住宅地である。

　社会学者である山下の基本的な視角は、「世代間継承」である。継承すべきもの、継承する価値のあるものがあれば、何らかの形で次世代が集落を支えるかもしれないと考えるならば、①②③では継承すべき土地や文化があるが、④⑤は継承すべきものを見出すことが

難しい。本書では中山間地域を対象としているため、主に①②のタイプを念頭におくことになろう。

そこで、「継承されるべきもの」が世代をつないで継承される可能性は、どこにあるのかが問題となる。山下が注目するのは、限界集落にひとりで暮らすお年寄りの家の「電話の横に貼ってある、家族や親族の電話番号簿」であり、「初夏の日曜日、田んぼの手入れをする現場に立ち会ったとき、そこにいままで見たことのない家族の姿を見かけ」ることである。「何もないところだ」と、時には住民さえも自嘲気味に言う村々には、先祖が拓いた田畑や、先祖が眠る墓があるのだ。そこに経済的価値を超える、自分をこの世に生み出した村との精神的なつながりを感じ、何とかしてそのつながりを継承したいという気持ちもあるだろう。

戦後に生まれ、村を出て行った人々の中には、遠く旅立って自分で家を興した人々もいれば、地元に残るか、近くの都市部で仕事を見つけた人々もいる。山下は、後者のような人々の「チャンスがあれば帰りたい」という思いを実現するための条件整備が、集落消滅を防ぐためのカギになるという。広域化した家族・親族集団が、現代的に再び凝集力をもちうる工夫である。

グリーン・ツーリズムやＩターンの推進も、都市との交流機会を広げ、都市から農山村への人口還流を増やす取組みとして、意味はある。しかし、「イエ（家）を基礎単位とするムラ（伝統的村落社会）」が今なお農山村の基本構造であるならば、完全に故郷との関係が切れていない、家の「継承者」たちにもっと焦点をあてるべきだという指摘には説得力がある。

さらに言えば、世代を超えて継承するということは、持続可能性（sustainability）の本質である。山下が示す世代間継承という視角から中山間地域問題を見るならば、誰が（主体）、何を（対象）、そしてなぜ（動機）継承するのかという問いが浮かぶのである。

第5節　中山間地域における内発的発展——3つの着眼点

　ここでようやく、内発的発展（endogenous development）という概念について考えることにしたい。内発的発展の概念について定まった定義はないが、西川潤によれば、別々に提起された2つのものであった（西川, 1989）。一つは、1975年に国連経済特別総会でダグ・ハマーショールド財団が提起した「もう一つの発展」という概念の属性のひとつとして、「内発性」という言葉を使っていたことである。利潤動機のみによって動く一面的な経済人の想定を批判し、他者や自然環境との調和と創造性を重視する発展で、一面的な経済開発を批判的にとらえたものである。
　同じころにアメリカで近代化論を学んだ鶴見和子が提唱した「内発・自成の発展論」は、後発社会が先進社会の模倣にとどまらず、自己の社会の伝統の上に立ちながら外来のモデルを自己の社会の条件に適合するように創り変えていく発展のあり方である。まさに、欧米へのキャッチアップ路線をひた走りつつも、公害や過疎といった社会問題に悩む日本にとって、キャッチアップの先にあるものを考えさせられる提起であったろう。
　また、公害問題をはじめとする戦後日本の地域開発の問題性をいちはやく指摘した宮本憲一は、内発的発展について「地域の企業・組合などの団体や個人が自発的な学習により計画を立て、自主的な技術開発をもとにして、地域の環境を保全しつつ資源を合理的に利用し、その文化に根ざした経済発展をしながら、地方自治体の手で住民福祉を向上させていくような地域開発」（宮本, 1989=2006）というように、具体的なプロセスをイメージして定義を与えている。[5]

改めて、「内発的」に「発展する」とは、どういうことなのだろうか。西川潤によれば、発展とは、もともと内部から起こってくる変化の動きを指すのだという。英語の develop は、包まれているものがほどける状況であり、発展とは人間の自己展開のことを意味する（西川, 2011）。そうであれば、内発的発展は、本来の発展概念に立ち戻ることであるのかもしれない。

先述の安東誠一は、1970 年代以降の地方の成長は「発展なき成長」の過程であったと述べている。安東は、成長を「自分の身体が大きくなること」、発展を「自分で自分を大きくしていく力が大きくなること」とし、地域経済構造の改革（＝発展）に取り組まずに経済の量的規模の拡大（＝成長）のみが進むために、地方は大都市の企業や中央行財政への依存・従属が深刻になると警鐘をならした。そうした地域社会のあり方は、都市部と同様の社会資本を整備して企業に場所を提供するけれども、それまで地域で営まれてきた生業と無関係な形での外来型産業を呼びこんで地域内の産業連関を形成しない場合、地域産業としては脆弱なのである。

ここで興味深いのは、安東が戦前の日本の農村が「過剰人口や失業人口に対する無限の深さをもった貯水池の役割」（安東, 1986, p.45）をになってきたと述べていることだ。対して、高度成長期以降の農村は「外からつねに財政というエネルギーの補給を必要とする、底は浅いがよく管理された近代的な貯水システム」（同上）だという。

安東が農村を貯水池に例えていることからも、農山村はそれ自体が、様々なフローを生み出す自然生態系というストックと一体であった。人間にとって、豊かな自然は尽きることのない富の源泉であり、食料、水、エネルギーなど、農山村は様々な自然の恵みを享受し、またその産物を都市に送り込んできた。しかし、人間は環境破壊を経験して、自然の容量が無限ではなく、自然がもつ再生力を超えないようにしなければならないことも学んでいる。自然生態系だけで

はない。長い歴史の中で形成されてきた伝統的規範、生活様式や知恵、あるいは人々の間の信頼関係など、人間が社会の中で蓄積してきた無形のストックもまた、農山村の生産・生活を支えるものとして不可欠なのである[6]。そうしたストックは、一度うしなわれたら元には戻らないか、戻るのに非常に長い時間がかかるものだ。

　しかし、近代化の過程で労働力や農林産物などのフロー供給基地としての役割を果たして来た農山村で、いま様々なストックがうしなわれようとしている。それが中山間地域問題である。都市が農山村から放出されるフローを収奪するばかりでなく、農山村のストックを維持していく努力が必要なのである。農山村のストックとは、自然だけではない。人（家族・生業集団）、伝統的生活文化、人と人のつながりなど、再生産を支える有形・無形のストックである。中山間地域の内発的発展を目指すならば、まずは農山村のストックを回復させ、それを変化し続ける社会のなかで動態的に安定させる社会的しくみ（構造）をつくることだ。

　そのような社会的しくみを模索するため、本書では経済、政治、社会の3つの着眼点から、日本、韓国、台湾の事例を比較しながら、東アジアの中山間地域における内発的発展の具体化プロセスを素描してみたい。以下、3つの着眼点について簡単に説明しておこう。

1　地域経済循環の再構築

　言うまでもなく地域経済の再生は、中山間地域の内発的発展の基本課題である。現在の市場社会を前提としつつも、地域に経済循環をつくることの重要性が従前より指摘されてきた（保母、2013）。中村良平は、地域経済の循環構造をつくるうえで、いくつかの均衡に注目する。つまり、移出＝移入、貯蓄＝投資、歳出＝税収ができるだけバランスをとることである（中村、2011）。しかし、実際には中山間地域をはじめ衰退地域では、地域の需要に対して魅力的な消費

場所がなく、域内での供給不足となりがちで移入が移出を上回り、また貯蓄はあっても投資先がないために資金が域内で循環しない。結果として地方政府の支出をまかなうのに地方税収では不足するため、中央政府からの財政移転に依存することになる。

　経済「発展」は、安東と中村の議論を踏まえるならば、域内での3つの均衡を達成する力をつけることだろう。地域に賦存するストックから、どのような価値をもったフローを創出するかにかかっている。つまり、ストックを活用して財・サービスを生産できる移出産業を創出し、域内への投資を確保できるかどうかである。その際に気をつけねばならないのは、地域の自然条件や伝統文化などの地域性とまったく関係ない産業を、外から資本を注入して興すのではなく、新しい技術や人材を活用しながらも、これまでに世代をついで継承されてきたものを尊重し、世代継承者たちがかかわる形での産業創出ということである。その意味では、家中（2012）で詳述された、中山間地における山林所有者たちによる自伐林業の再興は、その後も注目すべき展開を見せている。

2　自治を支えるしくみ

　次に、自律的な地域運営、すなわち自治を支える行財政運営のあり方が重要である。基礎自治体（市町村）が自治の一つの単位であるとするなら、小規模な中山間地域の市町村が中央政府に依存・従属せずに自立し、自ら政策開発を進めるということは、今日においてあり得るのか。あり得るとすれば、それはどのような形で可能なのか。ここには基礎自治体に認められる法的権限の内容だけでなく、財政的自立や、自治体政府の政治的・行政的能力等も関わってくる。これらの自治を支える条件は、地方自治制度によって大きく規定されている。例えば日本における1990年代以降の地方分権改革および平成の大合併は、自治を支えるしくみの大きな転換であり、それが

地域社会に様々な影響を与えている（青木・田村，2010）。各国の違いに留意して、地域社会の自治を支える制度的条件を視野に入れておく必要がある。

本書でいうストック概念を用いるならば、政策的に投資すべきストックを見いだし、ストックの維持保全や持続的な利用についての公共的な意思形成を行っていくこと、つまり農山村がストックを共同で自己管理するために、利害調整や合意形成を重ねていく過程が、自治と言ってもよい。中山間地域問題は、農山村の自治機能が衰退した結果として起こるのと同時に、自治機能をより衰退させるものである。この悪循環を防ぐには、当然ながら、自治は中央政府と地方政府の関係だけではなく、地方政府同士の関係、地方政府と住民との関係、住民と住民との関係を重層的にとらえ、維持／再構築して行く必要がある。例えば、市町村合併によって、行政職員が地域の隅々まで「目配り」し、誰かが気にかけているということで限界化をせきとめる（小田切，2011）といったことも、特に中山間地域の小規模自治体において自治を支える、きめ細かなしくみとして存在することは認識しておくべきだろう。

3　共同性の再構築

農山村がストックを共同で自己管理するには、人々の間の共同性を維持／再構築していくことが不可欠になる。日本の農山村は、家（イエ）を構成単位とする村落（ムラ）であり、村落の公共的設備（道路、水路、橋梁、寺社、山林など）の維持のために人々は労働力や資材を出し合い、村落空間とそこでの生活を成り立たせてきた。家という存在は単なる住宅ではなく家族・親族集団をさし、それ自体が人材を生み出すストックである。家が続くということは、そこに世代継承者が存在するということである。先述の山下（2012）や徳野（2007）が言うように、都会や近隣地域に出て行った子どもや孫が、定年帰

農したり、老親の世話をするために通ったり、あるいはUターンしたりと、様々な形で家と村とのつながり、つまり共同性を回復し家を維持していく過程を複線的に想定しておくことは妥当であるかもしれない。

そうであるならば、グリーン・ツーリズムやIターンなどの都市農村交流もまた、その過程をより複線的に、また現代的に構築する媒介として、しかも価値の源泉としての革新性をもたらすきわめて重要な媒介として、理解されるべきであろう。

また、藤山（2011）の提言に見られるような、伝統的な村落を単位として生活空間を維持することがもはや難しい場合に、複数の村落があつまる小学校区などを単位に生活空間をとらえ、NPOやI・Uターン者などの外部者を介入させて人々のネットワークを再構築し強化するという試みは、現代における農山村共同体の適正規模と新しい共同性のあり方を示しており、注目に値する。

日本、韓国、台湾で農山村社会のあり様に違いはあるものの、中山間地域のストックを維持するための共同性を再構築することが求められることは、共通の課題と考えておきたい。人々が形成する共同性は、地域経済構造と自治のしくみを支えるものであり、この三者はかなり深くかかわり合っているように思われる。

以上、続く各章の事例研究を、3つの着眼点をもって読んでいくことで、日本、韓国、台湾3カ国における中山間地域問題とその解決可能性について、特徴的な点と、共通する点がより鮮明に浮かび上がるはずである。また、事例研究をとおして、これらの着眼点が互いの接点を見いだし論理的、経験的な相互連関を伴って、東アジアの中山間地域における内発的発展像をおぼろげにでも提起することができれば、本書のねらいは十分に達成したことになる。その成否は第2、第3、第4章の事例研究と第5章での議論を終えてから、

読者の判断をあおぐことにしたい。

注

1　キャッチアップとは何か、そのメカニズムについての理論的・実証的な再検討は、佐藤（2012）に詳しい。
2　しかし、農地改革が成功した台湾と日本にたいして、韓国の農地改革は不徹底であったとされる。
3　グローバル化と情報化がすすみ、企業が操業条件を最適化するために流動性を高める今日、周縁的な労働力として若者、女性、非熟練労働者たちがおかれる経済的・社会的な貧困の問題にも通底するものがあるように思われる。
4　2010年の過疎法改正により、過疎債を使ったソフト事業も導入された。
5　内発的発展論については、運動論か政策論かなど、異なる2つの議論があるかのように言われることもあるが、議論の位相が違っているだけで、自治・自律、内発性、自然環境との調和、固有文化の尊重など、基本となる原則は共通している。当然ながら、内発的発展の実現に必要なのは運動か政策かの二者択一ではなく、どのような運動と政策なのかが問われているのである。
6　筆者は、地域の生活環境の構成要素であり、人々の生活の質を高める富である自然環境、人工構造物、人材、社会関係、文化のストックを「環境ストック」として包括的に定義した（清水，2008；大矢野・清水・井上，2011；清水，2012）。ストック概念を導入することの意義はいくつかあるが、地域資源のストックとフローを分けて考えることで、安東誠一のいう発展と成長の違いをより明確に理解できる。つまり発展とはストックが増えることであり、成長とはフローが増えることである。

参考文献

青木康容・田村雅夫（2010）『闘う地域社会　平成の大合併と小規模自治体』ナカニシヤ出版。

安東誠一（1986）『地方の経済学』日本経済新聞社。
伊藤潔（2001）『台湾』中央公論新社。
岩崎育夫（2009）『アジア政治とは何か　開発・民主化・民主主義再考』中央公論新社。
大野晃（1991）「山村の高齢化と限界集落—高知山村の実態を中心に—」『経済』1991年7月号，55-71ページ。
大矢野修・清水万由子・井上芳恵（2011）「「地域」の形成と地域公共人材」白石克孝・新川達郎・斎藤文彦編著『持続可能な地域実現と地域公共人材：日本における新しい地平』日本評論社。
岡田知弘（2005）『地域づくりの経済学入門——地域内再投資力論』自治体研究社。
小田切徳美（2009）『農山村再生　「限界集落」問題を超えて』岩波書店。
小田切徳美（2010）「日本農政と中山間地域等直接支払制度—その意義と教訓—」『生活協同組合研究』411号，41-50ページ。
小田切徳美（2011）「農山村の視点からの集落問題」大西隆・小田切徳美・中村良平・安島博幸・藤山浩『これで納得！集落再生』ぎょうせい。
佐藤幸人（2012）『キャッチアップ再考』アジア経済研究所調査研究報告書。
清水万由子（2008）「環境ストック概念を用いた公害地域再生の理論的検討：持続可能な地域発展に向けて」『環境社会学研究』第14号，185-201ページ。
清水万由子（2012）「持続可能な地域発展の分析枠組み—兵庫県豊岡市コウノトリと共生する地域づくりの事例から—」『環境社会学研究』第18号，112-125ページ。
世界銀行（1994）『東アジアの奇跡——経済成長と政府の役割』東洋経済新報社。（= World Bank, The East Asian Miracle: Economic Growth and Public Policy, Oxford University Press, 1993.）
徳野貞雄（2007）『農村の幸せ、都会の幸せ　家族・食・暮らし』NHK出版。
中村良平（2011）「地域経済の視点からの集落問題」大西隆・小田切徳美・中村良平・安島博幸・藤山浩『これで納得！集落再生』ぎょうせい。
西川潤（1989）「内発的発展論と起源と今日的意義」鶴見和子・川田侃『内発的発展論』東京大学出版会。
西川潤（2011）『グローバル化を超えて—脱成長期　日本の選択』日本経済新聞出版社。

農林中金総合研究所（2004）『農林金融』381号，2-20ページ。
野副伸一（2007）「朴正熙のセマウル運動：セマウル運動の光と影」『アジア研究所紀要』34号，251-276ページ。
林直樹・齋藤晋（2010）『撤退の農村計画　過疎地域からはじまる戦略的再編』学芸出版社。
藤山浩（2011）「集落の現場から未来を見つめる」大西隆・小田切徳美・中村良平・安島博幸・藤山浩『これで納得！集落再生』ぎょうせい。
文京洙（2005）『韓国現代史』岩波書店。
保母武彦（2013）『日本の農山村をどう再生するか』岩波書店。
本間正義（1987）「農業保護の展開過程と構造変化」『商学討究』37号，151-168ページ。
宮本憲一（1989＝2006）『環境経済学』岩波書店。
家中茂（2012）「「担い手」から見る森林利活用の地域経済システム」鳥取大学過疎プロジェクト『過疎地域の戦略』学芸出版社。
山下祐介(2012)『限界集落の真実　——過疎の村は消えるか？』筑摩書房。
Angus Maddison, Statistics on World Population, GDP and Per Capita GDP, 1-2008AD.
　http://www.rug.nl/research/ggdc/　(2014年3月13日最終確認)
DEMOGRAPHIA, Demographia World Urban Areas: 10th Edition , 2014.03.
　http://www.demographia.com/db-worldua.pdf　(2014年3月13日最終確認)
Population Division of the Department of Economic and Social Affairs of the United Nations Secretariat, World Population Prospects: The 2010 Revision and World Urbanization Prospects: The 2011 Revision.
　http://esa.un.org/unup/unup/index_panel3.html (2014年3月13日最終確認)

第２章　韓国における内発的発展の現状と課題

　―台湾における内発的発展の取り組み状況との
　　　　　　　　　　　　　　　　違いに注目して―

本章では、韓国と台湾における内発的発展の現状と課題を検討する。そして、試論的ではあるが、台湾の社区総体営造に注目し、韓国における内発的発展と台湾における内発的発展との異同が表れるようになった理由を探る[1]。

第1節　韓国

1　民主化以前

（1）開発独裁

　韓国においては、1961年に軍事政権が誕生し、1987年6月の民主化宣言がなされるまで軍事政権による統治が続いていた。軍事政権時代の韓国においては、国民の政治的自由が侵害される一方で、開発と経済成長が政権の正当性を確保する有効な手段となった。いわゆる開発独裁、圧縮成長という経済成長政策である。
　韓国の開発独裁は、第一に、冷戦と南北分断という外部的な脅威の下に成り立っていた。軍事政権時代においては、資本主義陣営対共産主義陣営の非常に明確なイデオロギーの対立があった。共産主義というイデオロギー的対立軸が設定され、共産主義との対決に勝つために、資本主義体制の安定化が必要とされ、そのための手段として政治的抑圧は正当化されていた。要するに、共産主義との対決に勝ち資本主義体制を維持するため、そして、経済発展のために必要であるという理由から政治的抑圧は正当化されていたのである。
　第二に、高度に中央集権化された開発・成長政策、第三に、所得の再分配より、徹底的な経済的効率性を重視し、パイを大きくする

ことに焦点が絞られていた。

　その政策が奏功し、「漢江の奇跡」といわれる急速な経済成長を成し遂げ、1961年82ドルに過ぎなかった一人当たりGNPは1979年には20倍増え、1,644ドルになった。輸出高は1961年の4,090万ドルから1977年には250倍増え、100億ドルに達した。都市化率も急激に高まり、1949年には17.3％であったが、1960年には28％、1980年には57.3％、1995年には78.5％になった。これは、西欧諸国では150年から200年がかかって経験したことであるが、韓国ではわずか30～40年しかかかっていない。

(2)　民主化以前の地域発展政策

　民主化以前の韓国においても地域発展戦略は存在していた。例えば、軍事政権時代の1970年4月、当時の朴正熙大統領の指示によってセマウル[2]運動が始まった。セマウル運動は勤勉、自助、協同の精神の下に展開された農村近代化運動であった。セマウル運動のポイントは農村部の所得増大や居住環境の改善にあり、地域におけるコミュニティの形成や内発的発展はセマウル運動における重点的な課題ではなかった。1960年代と1970年代の軍事政権時代における地域発展戦略は、経済成長と産業発展のための国主導の計画的発展戦略によって、特定の地域を集中的に開発し、その波及効果が周辺地域に拡散することをめざす成長拠点づくり戦略であった。つまり、軍事政権時代の地域発展戦略は、地域の内発的発展を念頭において行われたものではなく、地域づくりという観点から進められたものでもない、あくまでも外発的な経済発展に重点が置かれていたといえる。そのため、地域における内発的発展の基盤になると考えられる有形、無形のストックの蓄積はあまりなされていないのが現状である。そして、後述のように首都圏と地方間の格差、首都圏への一

極集中、地方公共団体間の格差など様々な副作用をもたらした。

(3) 地域間・都市と農村間の格差

　前述のように、短期間に急速な高度経済市長を成し遂げた韓国の経済成長戦略は大きな副作用をもたらす。まず、経済成長戦略が特定の地域への利益誘導策として用いられており、それによって地域間の大きな格差がもたらされている。軍事政権統治期の韓国の経済成長戦略は、日本の植民地時代の経済成長戦略の延長線上にあったと考えられる。日本の植民地時代に一定の社会資本整備が進められ、人口（労働力）が集中していたソウルと釜山という二大都市を結ぶ幹線鉄道の京釜線に沿って社会資本整備が進められた。そのため、日本の植民地支配から解放されてから、軍事政権統治期においても、その京釜線の周辺地域、つまり、嶺南地域には相対的に多くの資本投下が行われた。そのような、嶺南の経済的基盤の上に、1960、70年代に朴正煕大統領が「経済成長第一主義」を掲げ、効率性を最優先した補助金の配分を行った[3]が、朴大統領が慶尚北道（嶺南）出身であるということもあって、これが嶺南地域への利益誘導と印象付けられるようになった[4]。そして、このような特定の地域への利益誘導により、工業部門における地域間格差[5]が大きくなったと考えられる。1983年には、工業部門従事者の87.2％、付加価値の83.23％をソウル、京畿、慶南北（嶺南）が占めるようになった。次に、首都圏への一極集中である。首都圏の面積は国土面積の11.8％であるが、全人口の48.1％が首都圏に居住している[6]。そして、韓国の大学総数の39％に当たる68大学が首都圏にあり、医療機関の半数以上の52.1％に当たる27,588、中央省庁やその関連機関などの公共機関の84.4％に当たる345の機関が首都圏にある[7]。そして、都市部と農村部の格差もさらに深化し、1995年から2005年にかけ、

表 2-1　全国自治体経済的活力調査の結果

	150 位以下	200 位以下
慶北（23 市郡）	7	6
慶南（20 市郡）	7	3
全北（14 市郡）	5	6
全南（22 市郡）	9	9

（全国自治体経済的活力調査結果を参考に筆者が作成）

　農村部の人口は 20％以上減少しており、2030 年には、農村部の人口は韓国の総人口の 3.5％に過ぎなくなると予想されている。また、医療機関総数の 93％が市以上の都市部の集中している。都会と農村の所得格差もさらに深化している。2012 年現在の農村地域の世帯当たり平均所得は都会のそれに比べ、57.6％に過ぎなかった。2005 年には 78.2％、2009 年には 66.6％であった。7 年間格差は約 20％以上大きくなっている[8]。

　次に検討する必要があるのは、韓国において深刻な問題となっている自治体間の行財政的格差である。表 2-1 は 2004 年 9 月に行われた「全国自治体経済的活力調査」結果の一部である。この調査は、①過去 30 年間の人口変化率、②財政力指数、③総合所得税の一部として課税される住民税の税収額を指標に、全国の 234 のすべての自治体を対象にして行われた。

　この調査の結果は、嶺南（慶北、慶南）と湖南（全北、全南）の自治体の厳しい状況を浮き彫りにするものとなった。例えば、慶北の 23 市郡の中、13 市郡、慶南においては、20 市郡の中 10 市郡がそれぞれ、150 位以下[9]にランクされている。その中、200 位以下にランクされたのはそれぞれ、6 市郡、3 市郡である。全北、全南においては、状況がもっと厳しく、全北においては、14 市郡の中 11 市郡が、全南においては 22 市郡の中 18 市郡が、それぞれ 150 位以下にランクされている。その中、200 位以下にランクされたのはそ

れぞれ 6 市郡、9 市郡である。

2　民主化以降の地域発展政策

　民主化以降の韓国においては、開発独裁は政権の正当性確保の手段としてはもはや通用しなくなり、経済発展戦略と地域発展戦略の転換を余儀なくされた[10]。

　民主化以降の韓国における地域発展戦略は、従来における拠点開発方式ではなく、基本的には地域の均衡発展政策であるといえよう。均衡発展が重要な政策課題になったのは、第一に、地域間、都市と農村間における大きな格差の存在を無視し、パイが大きくなるまで我慢を求める統治戦略は通用しなくなった。第二に、民主化以降の韓国においては、前述のような地域間、都市と農村間における大きな格差が社会問題化しており、第三に、均衡発展の国の義務でもあるためである。つまり、韓国の憲法第 123 条②項には、「国家は地域間の均衡の取れた発展のために地域経済の育成を行う義務を負う。」と定められている。

　民主化以降の韓国においては、地域格差の是正のための政策努力が中央政府に求められており、そのような努力がなされている。特に、1991 年の地方自治の復活[11]以降の地域発展政策においては、国家均衡発展戦略の下、主に、地域の均衡発展、地域資源の有効活用とそれに基づいた自治体の内発的発展力量強化が重視され、重点的な取り組みが行われるようになった。そのために行われていた主な政策的取り組みは、第一に、地域別の戦略産業の育成、第二に、新活力地域事業、第三に、国家均衡発展特別会計による補助金の配分である。以下、この三つについて検討する。

　まず、地域別の戦略産業の育成である。2003 年、政府は内発的発展力量の強化のために、地域別の戦略産業の育成を進め、市道[12]

ごとにそれぞれ四つの戦略産業を選び、それに基づき中央政府が資金の配分を行っていた。これは、中央政府の基準と判断に基づいて資金の配分が行われていたため、従来の国主導型産業発展政策の延長線上にあったに過ぎない。しかしながら、従来の主流であったインフラ整備よりは、それぞれの自治体の戦略産業の育成による地域力量の強化という意味においては、従来の政策とは異なると考えられる。

　次に、新活力地域事業である。これは産業の衰退、人口減少などにより自立の基盤が崩壊しつつある70の市郡を新活力地域に選び、特定の事業に対し資金援助を行うものである。2005年6月14日、行政自治部によって新活力事業に参加する70の市郡が選ばれ、発表された。選定された地域には、2005年には2,771億ウォン、2006年には2,681億ウォン、2007年には2,746億ウォンなど総額8,198億ウォンが支給される。その中、2005年の内訳を見ると、国費2,000億ウォン、地方費442億ウォン、民間資本329億ウォンなどである。自治体当たり平均4件で、117億ウォンの補助金が支給される。従来の開発事業においては、官の主導によるインフラ整備、生活環境の改善などが重点的に行われていた。しかしながら、新活力事業においては、郷土資源開発、地域文化・観光開発、地域イメージマーケティングなどが重点的に行われる。類型別の数を見ると、地域特産物などの郷土資源開発が35件、地域文化・観光開発が12件、地域イメージマーケティング7件、教育・人材育成5件、生命・健康産業6件、海洋水産資源開発5件などである。

　そして、国家均衡発展特別会計による補助金の配分である。2003年6月、盧武鉉大統領は「首都圏への一極集中によって、首都圏と地方がともに困難に直面する可能性があり、国家競争力の低下を招きかねない。」とし、「国家均衡発展のための特別法案」を早期に国会に提出する方針を明らかにした。2003年10月、「国土均衡発展

のための特別法案」が国会に提出された。国家均衡発展のための特別法案は地域間の格差の是正、地域の特徴を生かした発展を目標にしており、そのための財源として、国家均衡発展特別会計を設け、国家均衡発展関連政策の諮問を受けるために、大統領直属の国家均衡発展委員会[13]を設置することを盛り込んでいる。国会の審議の段階での紆余曲折はあったが、2003年12月29日の国家均衡発展のための特別法の成立を受け、総額約5兆ウォン規模の国家均衡発展特別会計が設けられた。国家均衡発展のための特別法案は国会での審議の過程において修正され、農漁村生活環境整備対象地域への支援が追加された。

3 韓国における地域発展政策と内発的発展の課題

(1) 補助金の多用

都会から見れば、従来の韓国の農村は労働力、資源、食料などの単なる供給源に過ぎなかったといっても過言ではない。また、前述のような地域格差、都市と農村間の格差のさらなる深化により、農村地域はさらにマージナルな存在になった。

そして、前述のような韓国における均衡発展政策により、補助金が多用されている。また、国レベルにおける地域均衡発展政策は補助金ばらまきの手段でもある。後述の台湾の社区総体営造の事例から見るように、地域資源を活用し、地域循環型システムの構築に役立つような補助金の配分でもなく、あくまでも、政治的合理性に基づいた補助金の配分であるといえる。そのため、地域の状況を踏まえ、地域資源を活用した地域発展の役に立つような補助金の配分であったとは決していえない。また、それが地域における主体形成や内発的発展につながっているものでもない。それは、決して地域の産業

発展や産業構造の高度化をもたらすわけではなく、より高い価値の生産を可能にし、それによってもたらされた価値が当該地域に蓄積されるようなものではなかった。そして、地方、農村自らが成長する力を身につけさせたものでもなかった[14]。また、補助金の原資を多く負担しているのは大都市であるため、前述の均衡発展政策は結果的には大都市や中央政府への行財政的依存をさらに深化させただけである。また、自治体としては、独自の政策的工夫や努力より中央政府に依存したほうが好都合な部分があったことは否めない。そのため、自治体独自の努力で内発的発展の取り組みができるように、包括補助金や地方交付税を増やすべきであるとの声が高まり、2008年に地域開発包括補助金制度が導入された。2010年度の包括補助金として計上された予算は約3兆7千億ウォンであった。これは従来の個別補助金に比べ、使途の指定はあまり厳密になされてはいないが、ほとんどの補助金が、例えば、居住環境の改善や上下水道設備の改修などに使われているという問題がある。韓国において補助金が多用されるようになった原因はほかならぬ地域主義であると考えられる。

1）地域主義[15]

民主化以前の韓国においては、軍事政権は選挙への介入や物理的な強制力により、選挙の結果や政局運営に非常に強い影響力を持つことができた。それによって、政治的競争や政局運営における不確実性は非常に高い確率で回避できた。しかしながら、民主化以降の韓国においては、そのような手段は用いられなくなった。

そして、1987年6月の民主化宣言に伴う、1987年10月の憲法改正とともに一定の手続き的民主主義が確保されたことによって、権威主義対民主化という対立軸が消え、その代わり登場したのが、嶺南と湖南の対立構図、すなわち、地域主義である。

表 2-2　第 19 代国会議員選挙結果と地域主義

		議席数	セヌリ党	民主統合党	自由先進党	統合進歩党	無所属
	合計	246	127	115	3	7	3
	ソウル特別市	48	16	30		2	
	仁川広域市	12	6	6			
	京畿道	52	21	29		2	
	江原道	9	9	9			
	大田広域市	6	3	3			
	忠清北道	8	5	3			
嶺南	釜山広域市	18	16	2			
	大邱広域市	12	12				
	蔚山広域市	6	6				
	慶尚北道	15	15				
	慶尚南道	16	14	1			
湖南	光州広域市	8		6		1	
	全羅北道	11		9		1	1
	全羅南道	11		10		1	
	済州特別自治道	3		3			
	世宗特別自治市	1		1			

（中央選挙管理委員会ホームページを参考に筆者が作成。）

　民主化以降の韓国におけるすべての選挙において、有権者の投票行動を最も強く規定してきたのは、常に「地域主義」であった。表 2-2 は、2012 年 4 月に行われた第 19 代国会議員総選挙の結果である。嶺南を支持基盤とするセヌリ党[16]は嶺南（釜山広域市、大邱広域市、蔚山広域市、慶尚北道、慶尚南道）でほとんどの議席を独占している。しかしながら、民主統合党[17]の支持基盤である湖南（光州広

表 2-3　地域主義と囚人のジレンマ

		湖　南	
		非地域主義的投票	地域主義的投票
嶺南	非地域主義的投票	政策競争	湖南による独占 （嶺南には損）
	地域主義的投票	嶺南による独占 （嶺南には損）	地域主義的投票

（筆者作成）

域市、全羅北道、全羅南道）では情勢が逆転し、セヌリ党は議席の獲得ができなかったが、民主統合党がほとんどの議席を独占している。このような結果は韓国における地域主義の根の深さを物語っている。このような結果、つまり、地域主義は民主化以降の韓国においては、選挙の種類に関係なく、ほとんど例外なく、常に同じようなパターンで表れている。そのため、地域主義の下においては、嶺南：セヌリ党、湖南：民主統合党という図式が成立しており、これらの地域における選挙の結果は高い確率で予測できる。地域主義は有権者にとって囚人のジレンマのような状況といえる。

　地域主義の下における国会議員の集票戦略としての補助金の重要性を検討するため、国会議員金泳鎮の宣伝パンフレットの内容の一部を紹介する。彼は当選5回で、彼の地盤は光州であり、光州では地域主義が表れている。

「希望の政治、金泳鎮」
「西区に不足している発展財源、金泳鎮が確保しました！」
「2008年度西区庁懸案事業の推進のために特別交付税35億ウォン追加投入！」
「サンム市場進入路工事費として特別市費補助金80億ウォン確保！」
「2009年度西口庁国費補助671億ウォン確保！」

　表2-4は、2001年度から2009年度までの嶺南と湖南への補助金配分額と嶺南と湖南の地域内総生産との相関分析の結果を示している。正の相関で、相関係数は0.68である。統計的には相関係数0.7以上が強い相関とされているため、厳密には強い相関といえないが、ほぼそれに近い。これは、補助金関連の法律に定められている補助金配分のあり方とは相反する補助金の配分がなされていることを裏付けるものであると考えられる。

表 2-4　地域内総生産と補助金配分額の関係

Correlations

		Income	grant
income	Pearson Correlation	1	.680**
	Sig. (2-tailed)		.002
	N	18	18
grant	Pearson Correlation	680**	1
	Sig. (2-tailed)	002	
	N	18	18

**. Correlation is significant at the 0.01 level (2-tailed).

（SPSSを用い、筆者が分析を行った。）

　つまり、補助金の予算及び管理に関する法律施行令第5条においては、財政的に豊かな自治体に対しては、基準補助率によって定められた金額から20％削減できると定められている。逆に、財政的に厳しい自治体に対しては、基準補助率によって定められた金額から、自治体の財政状況によって10％から20％増額できると規定されている。しかしながら、表2-4は、同法律の規定とは相反するといえる結果であり、補助金の配分が政治的配慮によってなされていることを裏付けるものであると考えられる。

　また、韓国の補助金は、国会議員が政治的手腕を発揮する手段として用いやすい制度的特徴がある。つまり、国庫補助率に関する法令上の規定の不十分さである。2006年度の場合、371の補助事業の中、補助率が法律、つまり、補助金の予算及び管理に関する法律で定められているのは、121の事業（約33％）だけであり、残りの67％の事業については、法律上の規定はない。そのため、国会議員の介入の余地が非常に多く、彼らの判断や手腕次第で補助率や補助金の配分額が決まると考えられる。実際、2010年12月8日、

2011年度予算案が国会で可決される寸前、4,613億ウォンが増額された。その中、ハンナラ党の支持基盤である嶺南地域への増額は151事業に対して3,084億ウォンで、増額された予算額全体の66.8%である。その内訳は、慶尚南道には38事業、700億ウォン、釜山には12事業、293億ウォン、蔚山には4事業、29億ウォン、大邱には11事業277億ウォン、慶尚北道には3事業、1,795億ウォンである。一方、湖南への増額は2事業55億ウォンに過ぎない。増額された予算のほとんどは土建関連の予算である。

(2) 住民の主体形成の不十分さ

　1990年代初め頃の地方自治の復活に伴い、従来の中央政府の主導による均衡発展政策への反省から内発的発展が注目されるようにはなってきた。しかしながら、韓国における地域発展や農村（地域）の内発的発展は多分に特定のリーダーによる住民運動の側面が強い。これは、1987年に民主化された韓国においては、住民運動のような草の根運動は民主主義の象徴であるという風潮があり、住民運動というだけで正当性が確保されているためである。
　しかしながら、前述のように、従来においては、行政の主導によるトップダウン方式の「地域発展」が主であったため、住民の主体形成が不十分であり、ネットワーキングもあまりなされておらず、行政と住民や地域コミュニティとの協力体制が構築され、有効に機能している事例はあまりない。また、中間支援組織もあまり育っていないのが現状である。

4　中山間地域における内発的発展事例
　　―全羅北道鎮安郡と完州郡の取組み

　2000年代に入り、従来の地域発展政策への反省から、地域資源の有効な活用と住民を主体とした地域づくりの取り組みが都市部でなされるようになった。その代表的なものが、共同育児の必要から始まり、ソウルという大都会における村づくり運動にまで発展したソンミ山村における様々な取り組み、原州協同組合運動協議会のような生活協同組合活動など様々な地域運動である。そのような取り組みは都市部だけに留まらず、農村においてもなされるようになっている。特に、中山間地域である鎮安と完州の取り組みは注目に値する。以下、その二つの事例について検討する。

(1) 鎮安郡の概要と活動の背景

図 2-1　鎮安郡の位置

　全羅北道鎮安郡では、2000年頃からボトムアップ型農村開発の道が模索されてきた。ここでいう「ボトムアップ型」とは、住民自身が地域のあり方を考え、住民自身のために行う農村開発（村づくり）という意味合いである。鎮安郡の内発的発展を目指した村づくりは、韓国での村づくりトップランナーと評価されている。

　鎮安郡には288の行政村と、約600の自然集落が形成されている。

全羅北道東部の山間に位置し、減少を続ける人口は約2万人（2010年）、高齢化率約34％、面積の82.4％を林野が占め、人口の70％が農林業に従事する典型的な中山間地域である。植民地時代から朝鮮戦争を経て軍事独裁まで、農村においても住民の自発的な共同活動は抑圧され、急激な工業化と都市化による国土開発は、鎮安郡のような中山間地域から地域人材（労働力）を流出させた。加えてウルグアイ・ラウンド以降の農産物市場開放体制の下、鎮安郡のような条件不利中山間地域の農業は、新しい付加価値創出による競争力強化か、地域経済循環の確立が求められる。こうした背景の下、鎮安郡では住民が主体となって村づくりを進める力量を獲得しようと、様々な取組みが展開されてきた。

(2) 内発的発展型村づくりの展開

まず鎮安郡で取り組まれたのは、地域リーダーの育成と住民グループの形成、そして住民自らの学習である。2000年から11の集落でモデル的に取り組まれた地域リーダー育成活動がその始まりであったという。2008年に開始された小規模集落景観づくり事業では、地域資源のストックにはどのようなものがあるのか、お互いが村づくりについて何を考えているのか、住民が協同で学習と討論を繰り返した。住民自身が集落計画図を描き、ボランティアや寄付によって集落景観の再生に取り組んだ。日本で培われた「地元学」とも大きく重なるアプローチである。

次に、U・Iターン者（移住者）を地域人材として受け入れ、支援することである。ピーク時の4分の1にまで人口が減少した鎮安郡では、地域内部の人材だけで活性化を進めることは難しい。様々な経験や関心を持った移住者が、地域社会にうまくなじんで地域活動に取り組めるような支援が行われている。2006年にモデル事業と

図 2-2　鎮安郡における村づくりの中長期的ビジョン

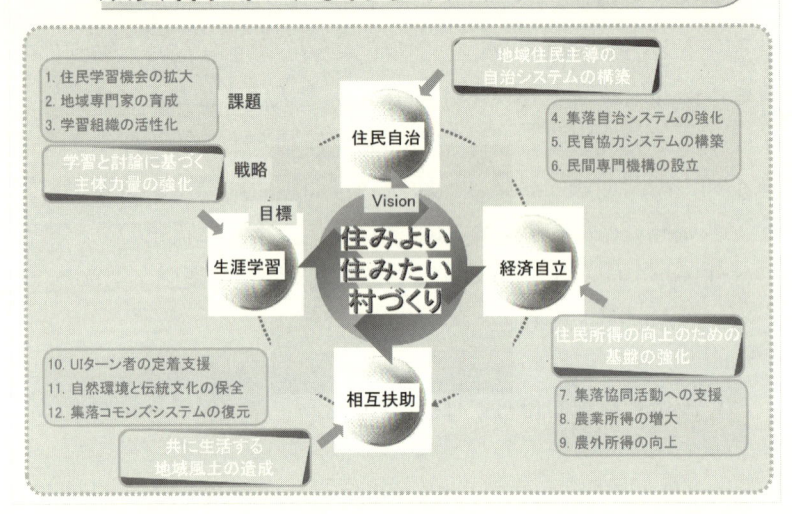

・出処：社団法人村＆人常任理事具滋仁氏提供資料。

　して始まった集落調査団は、農村移住を希望する若者が、集落の高齢者から聞き取りを行い、郷土史研究を行う。集落幹事制度は、移住者が高齢者中心の農村集落活動を支援する媒介者となって、集落の共同的活動を活性化させ、互いにネットワーキングする。集落新聞の発行や農産物市場の開催などを、移住者が後方から支えるのである。

　こうして、地域の内部にある人的、文化的資源のストックを掘り起こしながら、それを活用するために、外部からの新しい人的資源を地域に埋め込んでいく。両者をうまく融合させることで、地域の自然や文化などの地域資源を活かした内発的発展を進めると同時に、それを進める力となる人材や社会関係のストックが豊かになってい

く。鎮安郡の取り組みからは、そんなプロセスが見えてこよう。

(3) 内発的発展型村づくりを支える人材と社会的仕組

次に、鎮安郡の取り組みを支える人材と社会的仕組みについて紹介する。

これらの活動が始まった直接の契機は、2000年に、韓国農村部の住民主体の村づくりを進める「地域を考える会」の中心メンバーであった劉正奎氏（現・地域財団常任理事）が、当時の郡守（首長）に乞われて鎮安郡の契約職公務員[18]として赴任したことである。劉氏は行政（郡役所）の縦割り構造に風穴を開けようと、契約職公務員のチームをつくり、組織横断的な村づくりの推進主体を行政内部につくった。これが、現在の鎮安郡戦略産業課村づくりチームとなる。

劉氏が地域財団[19]の設立とともに鎮安を辞したのち、2004年に具滋仁氏が鎮安郡に契約職公務員として着任する。具氏はもとより農村での住民活動支援に携わりたいという意思をもち、鎮安郡へ赴任する前に日本の大学院で内発的発展論を学んでいる。劉氏や具氏のように、農村開発に関する専門性、ビジョン、熱意を持った人材が、行政機関の構成員となりながら、従来の行政機関の役割に収まりきらない活動を展開しており、これが韓国の中山間地域における地域づくりのモデルとなる事例であるといえよう。

(4) これからの10年を見据えた取り組み

鎮安では新しい10年に備え、これまでの取り組みに基づき、次の三つを軸に村づくりを進めていこうとしている。第一に、村づくりの産業化、経済的自立化である。経済的自立は村づくりの成敗に直結する重要な問題である。経済的自立のためには村単位では限界

があるため、少なくとも基礎自治体—市郡—同士の協力体制やネットワークの構築により、所得向上と経済的自立を目指す必要がある。ローカルフード事業はその一環である。また、村づくり支援センターは住民教育とコンサルティングを行い、研究プロジェクトの受託等により、富の外部への流出を防ぐ役割を果たしている。第二に、全国的なネットワーキングである。韓国においては、農業の置かれた環境は非常に厳しい。そのため、内部的には内発的発展のための力量を強化しつつ、外部的には積極的なネットワーキングを行う必要がある。第三に、都市住民との積極的な交流によって、鎮安の村づくりの質的向上を図ることができる。

　そして、前述の三つの軸を中心に、これからの 10 年を見据え、村づくり運動による、具体的で目に見える成果を出すための活動として、二つの重点事業に取り組んでいる。

　まず、小農や高齢農のためのローカルフード事業を始めた。農業会社法人の「(株) 鎮安村」が設立され、2008 年から 3 年間は村の特産品の開発に取り組み、広報活動を行い、販路開拓のための訓練なども行うことにより、自らの課題を見つけることができた。2011 年 1 月には村づくり地区協議会の下にローカルフード事業団が設立され、7 月には農業会社法人の「(株) 鎮安村」が設立された。2012 年 8 月からは学校給食調理用の食材を供給しており、2013 年からは、農食品 6 次産業化公募事業にも選ばれ、ローカルフード食堂と常設直売場、食品加工体験場の建設を進めている。

　次に、地域密着型中間支援組織づくりの一環として、村づくり支援センターが設立された。村づくり支援センターは、「(株) 鎮安村」と協力しながら、住民教育、研修だけではなく、鎮安の村づくり活動の成果が空間的に蓄積され、拡大するようにするため、自活、協同組合、社会的企業、生涯教育関連団体などの事務スペースも提供しており、ネットワークづくりの拠点にもなっている。鎮安の村づ

くり支援センターは、2013年1月からは行政から独立し、独立採算制の法人として活動を展開している。

(5) 行政との関係

　鎭安郡では、2007年2月に全国で初めて村づくり専門チームと行政協調会議が設置された。また、2010年5月には村づくりの理念と原則を盛り込んだ村づくり基本条例が制定された。これは、従来の行政主導によるトップダウンの村づくりからの脱却の試みである。また、村づくりへの住民の信頼を高める効果もある。
　そして、行政機関との関係は、「適切な緊張下における均衡関係」であり、村づくり支援センターが行政機関と住民組織との間に入り、調整を行う形となっている。このような地域住民主体の地域ガバナンスがどのように実現されるのか、それ自体が興味深い社会実験でもあるといえよう。

5　中山間地域における内発的発展事例
　　　　　　　　　　　　　—全羅北道完州郡の取り組み

(1) 完州郡の概要と活動の背景

　全羅北道完州郡は、全羅北道の道庁所在地である全州市と鎭安郡に隣接している。面積は、約821Km^{2}で、林野が全体の約70％を占める。世帯数は36,269世帯、人口は約87,000人である。65歳以上の高齢者は16,816人で、高齢化率は約19％である。そして、農家の約70％は農地面積1ha未満の小農である。一般会計予算は約4,738億ウォンで、自主財源の割合は25.7％である[20]。
　グローバリゼーションと市場資本主義の弊害の克服は、地域社

会において、いかに共同体を構築するかにかかっており、地域社会の問題は地域社会の力で解決するしかないとの認識の下、完州では2008年から農村活性化に取り組んでいる。特に、従来においては政策の対象になっていなかった、農村で暮らしている老人、つまり、小農、家族農など厳しい状況に置かれている農民のための、彼らが地域社会を離れないようにするための農村政策が必要であると考え、その農村政策の一環としてローカルフード事業を展開している。また、住民を教育し、その教育プログラムの中で、人材を見つけ、事業計画を一緒に策定し、それを管理し、コンサルティングなども行うなど、地域社会の多様な共同体同士の協力を促進するような活動も行っている。

　完州郡地域経済循環センターは2010年6月に財団法人として設立された。当時、完州郡守と親交の深い現在のソウル市長の朴元淳弁護士が、地域経済循環センターのような中間支援組織が必要であると提案し、朴市長が理事を務めている希望製作所で設立案を策定した。朴市長の意見を取り入れ財団法人にしたが、韓国の法律の規定上、自治体は財団法人には現金出資ができないため、地域の農業、信用協同組合（信協）などが出資して設立された。農村指導者も出資し、住民からの寄付も集められた。完州郡庁と一種の官民協力ガバナンスを構築しており、地域の活性化の役割を担っているといえよう。そして、希望製作所から出された報告書に基づき完州郡では条例を作り、その条例に基づいて制度的仕組みを作った。設立当初の2010年にはモデル事業としていくつかの研究プロジェクトを受注し、2011年からは条例に基づき、委託事業という形で予算を確保している。

　これらの取り組みは公務員の力だけでは限界があり、民間でこれらの活動に取り組んだ経験のある人と一緒にやるべきであるとの助言があったため、廃校になった小学校を改築し、民間での活動経験

のある人の活動の場を作ったのである。行政と住民の間で一定の役割を担い、住民と住民の間で何か活動を展開する中間支援組織を作り、そこで活動ができる民間活動家が集まって、中間支援組織として 2010 年から活動を始めた。

(3) 主な活動状況

地域社会が抱えている問題を住民自らの力で解決しなければならないが、その問題の解決によって住民に経済的利益をもたらし、住民の人生の質（QOL）の向上につなげていく必要がある。農業の衰退によって人口が減少し、地域で必要とされるサービスの提供が不十分になり、それによって人生の質（QOL）が低下し、それが人口のさらなる減少をもたらすという悪循環に陥る。この悪循環を断ち切り、好循環を起こすためには、どうやって雇用を増やすかが非常に重要であるという点に着目したといえよう。そのように良い方向に持っていくためには、市場資本主義ではなく、一種の共同体方式、あるいは社会的企業方式によって雇用を増やし、組織を作らないとうまく機能しないという当時の郡守の認識があった。

1) ローカルフード事業

韓国政府の農業政策は、基本的には農地面積 6ha 以上の農家を対象にしており、農業・農村活性化政策のほとんどは市場資本主義、つまり競争力を養うことに主眼が置かれていた。しかしながら、前述のように完州の農家の約 70％は農地面積 1ha 未満の小農である。そのため、当時の完州郡守は中央政府の農業政策は完州にはあまり効果がないと判断した。また、農村で暮らしている高齢者、小農、家族農向けの政策が必要であるとの判断の下、完州に相応しい農業政策の必要性に注目し、専門家に関連政策づくりを依頼した。その

結果考えられた政策の一つがローカルフード事業である。その基本的な目的は高齢者、小農、家族農が多品種少量生産の農産物を、まず地域で消費し、それによって農産物の販路を開こうというものである。ローカルフード事業は2010年から始まった。完州郡内の二つの邑、11の面[21]の農家と村代表らが出資し、2010年に営農組合法人健康な食卓が設立され、活動を展開しており、2013年現在、約300の農家がローカルフード事業に参加している。

　ローカルフード事業といえば、流通政策とか所得向上対策であると考えられがちである。しかしながら、完州では流通政策や所得向上対策ではなく、従来においては政策の対象になっていなかった厳しい状況に置かれている農民や疎外されていた農民のために、彼らが地域社会を離れないようにするための農村政策である。展開している主な事業は、学校給食への食材供給、ネット販売、都会への宅配などである。

　ローカルフード事業はCSA（community supported agriculture）の一環である。多品種少量生産で収穫された農産物を集め、販売するというやり方である。例えば、完州の事例では、消費者が一か月会費10万ウォン支払ってくれれば、一週間に段ボールひと箱分の農産物を届ける。ひと箱25,000ウォン相当である。消費者は箱の中身は選べず、季節ものを選んで届ける。この事業は、完州の近くに約65万の人口を抱える全州という都市があるから可能なことで、全州には直配するが、首都圏などの消費者には宅配業者に依頼して届ける。完州郡ローカルフード公共給食支援に関する条例が2012年12月に制定されている。この条例に基づき、学校、社会福祉施設、保育施設、自治体の社会福祉サービスの一環として行われている給食サービス、国公立病院などへの給食に使われる食材はローカルフードで調達することになっており、事業を運営し、総括するローカルフード公共給食支援センターが設置されている。

2）コミュニティファーム

　コミュニティファームは、老人が働いて小遣い稼ぎをしたいという場合にそれをサポートするための事業である。大きな金額を稼ぐことはできないが、共同炊事場を設け、一緒にご飯を炊いて一緒に食べ、休憩場も設けて一緒に休憩を取るだけではなく、働いてもらい、小遣い稼ぎもできるようにサポートする事業である。コミュニティファームには主に高齢者が従事しており、農業と関連している。例えば、ビニールハウスを作って、主に山菜、西瓜、茸などの特殊な作物を育て、小遣いを稼いでいる。

3）コミュニティビジネス支援活動

　これは必ずしも村という単位に限られた話ではないが、様々な分野の活動を展開していくために新しい共同体を作って、地域社会に必要なことを事業、つまりビジネスとして行えるように支援している。これらの活動は雇用の創出につながるため、雇用担当を設け、これらの活動をつなげるような役割を担っている。そして、地域の住民だけではなく、農村で暮らし、働きたがる都会の人々とのネットワークづくりも進めたいという狙いもあってこれらの事業が始まった。様々な活動の中で、コミュニティビジネス関連は2010年から行っており、村事業、U/Iターン促進事業を行っている中間支援組織があり、住民を教育し、その教育プログラムの中で、人材を見つけるが、彼らが何かをしたいという場合、事業計画を一緒に策定し、それを管理し、コンサルティングなども行っている。地域社会の多様な共同体同士の協力を促進するような活動も行っている。

　コミュニティビジネスは二つの段階に分けて進めている。初年度には学習費を支援する。少額ではあるが、関心を持っている人が集まって学習し、準備をする期間である。その次の段階では二年間開

業費を支援する。その資金で、施設、機材の購入ができて、広報資料を作り、さらに事業を拡大していけるような支援を行う。支援を受けられるのは3年間である。2009年から本格的にソーシャルビジネス事業支援活動を始め、約140社のソーシャルビジネスが誕生したが、その中で村事業が約100社、コミュニティビジネスが約40社である。地域経済循環センターでは約80社のソーシャルビジネスを対象に、コンサルティングも行っている。

4）農産物直売場

　農産物直売場は農協と完州郡が連携して行っている事業である。農協は場所を提供し、完州郡が建物を改築する費用を負担してできた直売店である。その運営は、完州郡が50%を出資し、完州郡内の農協が50%を出資して設立された農業会社法人完州ローカルフード株式会社によって行われている。2014年1月からはより多くの農民の参加を呼びかけ、農民を主体とした経営体制を構築するため、協同組合方式に変更した。

　日本の道の駅に似たやり方であり、基本的に農協はその運営には関与していない。午前6時に農民が、自分が生産した農産物を持って来て、自ら包装し、価格を設定して、バーコードを貼り付け、陳列してから農民は帰る。消費者は9時から購入できるが、バーコードが貼ってあるので、農協のレジ係は販売をするだけである。農民は手数料として売り上げの10%を支払う。農協が売り場を管理するので、レジ係の人件費、電気代などが必要で、その分として売り上げの10%だけ農協が徴収する。買い物客は徒歩10分以内の距離に住んでいる住民、特に、熟年層の女性客がほとんどである。直売場を設置したのは販路の確保が困難な小農や高齢農民のためである。直売店を開いたことによって高い収入を得ている農民もいる。

5）自治体の関わり方

　これらの活動の、完州郡庁での担当部局であるが、2010年以前はいくつかの部局に担当が分かれていたが、2010年の行政組織の改革によって一つの担当課を設け、その課で総括できるようになった。それが農村活力課である。

　2012年度の予算で見れば、完州郡からの支援は予算全体の約40％で、年度末に次年度の事業提案をするが、郡でそれを調整し、審議をする。それ以外に中央政府の農林水産食品部や労働部の事業に提案を出して、資金を獲得するが、それは約40％である。2011年度までは完州郡からの支援が約70％であったが、郡の指示に従わなければならず、色々干渉される場合もあったので、この比率を下げ、資金源を多様化した。

6　鎮安と完州の取り組みの特徴

　鎮安と完州の取り組みの異同である。まず、類似点である。前述のように鎮安、完州ともに中間支援組織を目指している。要するに、すぐには成果が出ないかもしれないが、将来的な地域の内発的発展につながるような組織作りを目指しており、活動を展開している。そして、農村地域ならではの地域資源—例えば、農産物—を有効に活用しており、全州という大都市が隣接しているという地の利を生かした取り組みがなされている。そして、官民協力体制の構築である。鎮安、完州ともに村づくり関連条例やローカルフード事業関連条例が制定されている。また、自治体の内部に専門の部局が設置されており、行政内部の調整だけではなく、行政と活動現場との調整に当たっている。要するに、従来の地域発展政策で見られたような行政によるトップダウン方式ではなく、調整役という方向に行政の

役割も変化しつつあるといえよう。また、村づくりの取り組みにおいても、例えば、鎮安の村づくり支援センターは、2013年1月からは行政から独立し、行政とは一定の距離を保ちながらも、行政の調整力をうまく活用した取り組みを行っている。また、活動資金の調達という意味でも、行政への依存を脱却しつつ、資金源を多様化し、自由に自ら企画して活動が展開できるような財政構造になりつつあるといえる。例えば、完州の地域経済循環センターの予算の約20％をNPOなどの支援で賄っている。地域経済循環センターと類似した活動を支援しているNPOからの支援である。例えば、「一緒に働く財団」は社会的企業を支援しているし、SK、LGなど財閥の社会貢献活動に提案を出して、資金を獲得している。また、コンサルティングなど独自の努力によって資金を確保している。

次に、鎮安と完州の取り組みの違いである。大きな違いはないが、鎮安においては、村づくりを前面に出し、経済的活性化だけではなく、村づくりに欠かせないコミュニティ作りや住民の主体形成に力を入れていると考えられる。一方、完州では、村づくりより経済活性化に優先順位があるといえる。

第2節　韓国の内発的発展と台湾の社区総体営造

1　台湾　—社区総体営造[22]

社区は、一般的には英語のcommunityの訳語であるとされているが、様々な定義の仕方がある。星[23]によれば、社区は、一定の地域に住まう人々がその地域に共通の感情や共同性をつくりながら、そこを拠点に生活協力と交流を村内、村外的に実現し、日常の生活を

営む具体的環境であると言う。そして、社区総体営造とは、小さな社会としての地区における、住民の手による相対的な営みと創造である[24]。

台湾における全国レベルのコミュニティ政策は、1965年に行政院が公布した政策の中、社区発展が社会福祉政策の一環として含まれたことに遡る。1968年には行政院が社区発展工作概要を策定し、各省、県市、郷鎮レベルまで社区発展委員会を作らせ、社区発展を委託した。同年、台湾政府は国連開発計画が発展途上国向けに行ったコミュニティ開発戦略関連援助を受け、社区発展計画を策定した。しかしながら、これらの政策は、コミュニティ政策への自発的な住民参加を促すという本来の趣旨に反し、主として地方における小規模なインフラ整備を行うだけで、上位政府からの補助金の受け皿に過ぎなかった。社区関連政策に変化が訪れたのは民主化後の1990年になってからである。

台湾においては、1986年に民主化運動が発生し、1987年7月15日、38年間続いていた戒厳令が解除された。台湾の民主化運動の構図は政治社会における分節性と密接な関連がある[25]。要するに、「省籍矛盾」と呼ばれる、本省人と外省人との人口割合と両者の社会的な権力配分の逆転から生じる諸矛盾の存在による少数派・支配集団の国民党外省人と少数派・被支配者集団の台湾住民本省人との対立・断絶が非常に明確である。このような「省籍矛盾」は民主化後の台湾における社会運動の制度化や内発的発展の取り組みにも大きな影響を及ぼしていると考えられる。

1990年代半ばの李登輝率いる国民党政権は、自分に反目する、もしくは反目する可能性のある社会運動への懐柔政策として、社区総体営造という地方文化の実体化政策を社会運動に委託した。それによって、中央政府の資源、つまり補助金を得た結果、社会運動やコミュニティ運動は従来の抗議や選挙を通じた運動形式から、台湾

ナショナリズムに基づき地方文化の擁護を訴えながら政府資金を獲得するというスタイルへと変貌した。そして、社区総体営造政策が政府によって重要視される中で、同政策の関連法令も整備された。2001年には、社区文化再造計画実施要点が策定され、自治体に対する社区総体営造関連補助予算が制度化された。

　要するに、中華文化ではなく、台湾文化の実体化を図ったのが社区総体営造であり、民主化以降に活発になった社会運動への妥協策として、李登輝率いる国民党政府は社会運動団体に補助金という形で直接資源を投下した。その資源を得た社会運動団体は新たなコミュニティ団体を誕生させるとともに、実績を買われて補助金を受託し続けるという補助金独特のメカニズムが存在しているのである。そのため、社区総体営造はコミュニティ運動としての性格を持つとも考えられる。

2　韓国の内発的発展と台湾の社区総体営造

　従来の韓国においては、内発的発展といいつつも、経済的活性化だけが注目される場合が多く、地域資源としての地域文化には大きな関心を持っていなかった。これは台湾の社区総体営造との大きな違いであるといえよう。以下においては、その違いが表れるようになった理由を探る。

　韓国、台湾両国とも政治社会における分節性がある。韓国においては前述のような地域主義という、東西の対立に基づく分節性がある。一方、台湾では前述のような省籍矛盾という分節性がある。両国においては、特に民主化以降においては、この分節性への対応は両国の政権にとって大きな課題であると考えられる。そして、その分節性への対応の仕方の違いが、内発的発展の取り組みの違い—韓国においては、主に経済的活性化、台湾においては、地域資源とし

ての地域文化を活用—をもたらしたと考えられる。

　まず、韓国においては、前述のように、地域主義の下における補助金、特に地域開発や経済的活性化関連の補助金が、統治戦略や政治家の得票戦略上非常に大きな意味を持っており、地域政治は補助金ぶんどり合戦の様相を呈している。そのため、地域政治の統制から自由な領域を自ら作り上げることは非常に困難であるといえる。また、自治体も独自の努力によって地域の力量の強化や内発的発展に取り組むより、中央政府の補助金に頼るのが好都合であるのは否めない。　一方、台湾では、省籍矛盾という分節性への対応と、台湾ナショナリズムの急激な高揚を防ぐ必要があった。そのため、中華文化ではなく、台湾文化の実体化を図ったのが社区総体営造であり、民主化以降に活発になった社会運動への妥協策として、李登輝率いる国民党政府は社会運動団体に補助金という形で直接資源を投下した。その資源を得た社会運動団体は、新たなコミュニティ団体を誕生させるとともに、実績を買われて補助金を受託し続けるという独特のメカニズムにより、制度化を果たしたといえよう[26]。また、中央政府または県政府の補助金に頼りながらも地域政治の統制から自由な領域を自ら作り上げ、地域資源としての地域文化を有効に活用した取り組みがなされている。地域資源を生かした住民主体の社区総体営造の取り組み事例については、本書第3章で具体的に検討されている。

第3節　内発的発展の持続可能性

　ここでは、現時点での韓国の状況を中心に、内発的発展の持続可能性を検討する。

韓国における従来の地域発展戦略は、トップダウン方式であった。中央政府が政策的方針を決め、補助金を配分することによって、中央政府の政策的方針に従わせ、中央政府の意図通り誘導していくものであった。そして、民主化以降においては、前述のように、従来の拠点開発政策一辺倒ではなく、地域の内発的発展が注目されるようになり、そのための政策的取り組みも行われるようになった。しかしながら、補助金を多用しているという点においては民主化以前とあまり変わらない。民主化以降における補助金の配分は、韓国独特の政治状況、つまり、地域主義の存在を考慮すると、いわば必然的なことであると考えられる。そして、地域主義の存在によって、地域政治の影響を排除することができず、地域独自の取り組みが行われにくくなっているといえる。この点は、本書で取り上げている台湾の事例との大きな違いである。本書第３章で詳しく検討されているように、台湾の社区総体営造においては、住民主体で地域資源としての地域文化を活かした取り組みがなされている。しかしながら、韓国においては、前述の地域主義の存在により、地域文化を活かした取り組みのための補助金ではなく、地域開発や政治家の得票戦略として補助金が多用されている。そして、韓国における補助金は使途が特定されているのがほとんどである。そのため、地域独自の取り組みを行うには大きな限界がある。地域独自の取り組みを行うことができるようにするためには、使途の特定されていない包括的補助金を増やしていく必要があると考えられる。そして、地方自治制度との関連である。韓国の自治体の首長の任期は４年で、任期の制限があり、３期までしか勤められない[27]。そのため、首長の志向によって施策は変化しやすく、継続性の確保は困難であると考えられる。

　次に、内発的発展の持続可能性の確保のためには、地域経済の活性化と循環型経済の仕組みの構築が欠かせない。地域の資源を発見

し、それを有効に活用する必要がある。

　従来の韓国においては、前述のような長い軍事独裁政権の時代があり、地域開発政策においても基本的にはトップダウンであった。そのため、地域の資源を発見し、それを有効に活用する努力はあまり求められてこなかった。そして、内発的発展のために、また、地域経済の活性化と循環型経済の仕組みの構築のためには、それぞれの地域や自治体の独自の努力は欠かせないが、内部の力だけでは不可能である。外部の力をいかに有効に活用するかも非常に重要である。

　そこで注目する必要があるのは、都市である。従来においては、農村は単に都市への労働力の供給源であり、都市に富と人材が集中し、農村の自治体は地方交付税や補助金の原資を都市に依存せざるをえなかった。

　しかしながら、経済成長や経済規模の拡大により、都市での生活は大きなメリットもある反面、複雑性や不確実性が高まっているのも事実である。そうであるとすれば、都市に従属している農村という関係ではなく、互いに不足するものを補い合う都市—農村関係の再構築が求められていると考えられる。

　そして、韓国における内発的発展は、一部の運動家やリーダーが主導して展開される住民運動のような側面が強い。そのため、住民は受け身になりかねず、積極的に参加しているとは言えない。持続可能な内発的発展のためには、一部や運動家やリーダー、そして、中央政府や自治体など行政の役割だけでは不十分である。住民が積極的に参加し、一定の役割を担う必要がある。そのためには、住民の主体形成のための教育やネットワーキングは欠かせない。

注

1 韓国との比較対象として台湾に注目するのは次のような理由からである。台湾と韓国は様々な共通点を持つ。両国とも地理的には東アジアに属しており、漢字文化圏である。1980年代の後半というほぼ同時期に民主化の経験を持つ。そして、両国とも分断国である。しかしながら、内発的発展の取り組み状況には違いが表れているためである。ここで注目するのは民主化以降の政治状況や統治戦略の違いが両国における地域発展戦略や内発的発展戦略の違いをもたらしているということである。
2 韓国語で「新しい町」の意。
3 全相京、1995年、710頁。
4 出水、1998年、66頁。
5 ここで説明に用いた地域間格差のデータについては、経済企画院『韓国統計年鑑』各年度版。
6 2005年現在。東亜日報、2005年12月27日付。
7 いずれも2011年現在。
8 全北道民日報インターネット版、2013年11月5日付。
9 200位以下を含む。
10 紙幅の制限があるため、以下の分析においては、民主化以降の韓国における地域発展戦略に焦点を絞り、議論を進める。
11 1948年8月15日の大韓民国政府の誕生とともに地方自治は実施されていたが、1961年5月の軍事クーデターにより、地方自治は中断させられた。しかしながら、1987年6月の民主化に伴う同年12月の憲法改正により、地方自治の実施の猶予を定めた規定が削除され、1991年6月には地方議会議員選挙が、1995年6月には自治体首長選挙がそれぞれ実施され、地方自治が復活した。
12 広域地方公共団体
13 2010年4月12日、国家均衡発展委員会は地域発展委員会になっている。
14 安東、1986年、55－95頁。
15 地域主義についての以下の記述は、拙著、2012年。を参照。
16 2012年1月、ハンナラ党から党名を変更し、セヌリ党になった。セ

ヌリは新しい世の中という意味である。
17　2011 年 12 月 16 日、民主党を中心に、市民統合党と韓国労働組合総連盟が参加して誕生した。
18　中央政府や自治体との雇用契約に基づいて採用される公務員である。主に、専門知識が求められる業務や非ルーティン型業務に従事する。
19　2004 年に設立された財団法人で、所管省庁は農林畜産食品部である。1998 年、地域の直面した様々な問題を研究する学者と、地域おいて活動を展開する運動家が集まって結成した「地域を考える会」が母体である。地域住民が主体となって未来を開いていけるように支援し、地域リーダーの育成を重点的に進めている。
20　ここで示されているデータはいずれも 2014 年 1 月現在。
21　基礎自治体の市郡区の下の行政区域が邑で、邑の下の行政区域として面、里がある。
22　ここでの記述は特に断らない限り、星、2013 年。に負う。
23　星、2013 年、22 頁。
24　黄世輝・牛井渕展子・宮崎清・陳文標、1997 年、82 頁。
25　岩崎、2009 年、128-130 頁。
26　星、2013 年、189 頁。
27　地方自治法第 95 条

参考文献

安東誠一（1986）『地方の経済学—「発展なき成長」を超えて—』日本経済新聞社。

出水　薫（1998）「韓国国政選挙における地域割拠現象再論—第一五代大統領選挙を対象として」『政治研究（九州大学政治研究室）』第 45 号。

岩崎育夫（2009）『アジア政治とは何か—開発・民主化・民主主義再考—』中央公論新社。

全相京（1995）「国庫補助金配分の政治経済：朴政熙・全斗煥・盧泰愚政権の比較」『韓国行政学報』第 29 巻第 3 号。

武田康裕（2001）『民主化の比較政治—東アジア諸国の体制変動過程』ミネルヴァ書房。

星　純子（2013）『現代台湾コミュニティ運動の地域社会学—高雄県美濃

鎮における社会運動、民主化、社区総体営造』御茶の水書房。

崔銀珠（2011）『NPO の役割に関する日韓比較研究—R.M.Kramer の所説を手がかりに、高齢者福祉分野を中心にして—』同志社大学博士学位論文。

黄世輝・牛井渕展子・宮崎清・陳文標（1997）「台湾埔里鎮における新故郷運動—住民参加型の地域づくりの方法」『デザイン学研究』Vol.43 No.5。

拙著（2012）『韓国における地方分権改革の分析—弱い大統領と地域主義の政治経済学』公人の友社。

経済企画院『韓国統計年鑑』各年度版。

全北道民日報インタネット版 http://www.domin.co.kr/news/articleView.html?idxno=1002311。2013 年 11 月 5 日付。

東亜日報、2005 年 12 月 27 日付。

中央選挙管理委員会ホームページ http://nec.go.kr/portal/main.do。2012 年 6 月 20 日アクセス。

第3章　台湾における
　　　　生物多様性を活かした内発的発展

第1節　近代化に伴う人と自然との関係喪失と
　　　　　　　　　　　　新たな関係構築

　東アジアの各国は、都市化を伴う急速な近代化により経済的にめざましい発展を遂げた。しかし一方で、地域社会において長く続いてきた人と人とのつながりや人と自然とのつきあい方が近代化の過程で変容した。とりわけ都市化により、人と自然との直接的な関係やそこから派生してきた多様な文化は急速に失われた。
　中山間地域は本来、水、酸素、食糧、木材などの物質を都市へ供給する役割を持っていた。都市は単独で存在できないため、中山間地域と一体となった生態系や流域経済圏を作り上げていたのである。しかし、東アジア各国では近代化に伴い大きな社会構造の変化が起こった。日常の燃料は薪炭などの木質バイオマスからプロパンガスや石油などの化石燃料へと変化し、身近な道具類も植物を使った民具からプラスティックなどの石油化学製品や金属類へと置き換わった。この社会構造の大きな変化は、都市への物質の供給元であった中山間地域の経済的価値を著しく低下させ、都市部への人口流出を引き起こした。さらに中山間地域の過疎化は、人々が自然を直接利用する暮らしの中で育まれてきた、自然を持続的に利用する技法や作法などの多様な文化を消失させた。
　序章において概説された中山間地域での問題を解決する鍵の一つは、近代化の過程で忘れ去られた地域の自然や文化を住民自ら見つめ直し、それを保全し持続できる経済活動へとつなげることである。つまり、数千年から数万年にわたる地球環境の変動という長い時間的視点を持ち地域の地形や自然の由来と現状を知り、この自然環境

に順応してきた人々の暮らしや文化を再発見することである。

　そこで中山間地域の地域資源がどのような特徴をもつのか生態学的な視点から見てみたい。まず地形や温度や降雨量のような物理的な環境条件の違いが、植生や景観の多様性を生み出す。この地域の自然環境という所与の条件の中で人々は狩猟、薪炭採取、農地開拓などをおこない、地域固有の祭祀や儀礼などの文化が形成されてきた。本来、中山間地域には、豊かな生物多様性、この生物利用から派生した有形無形の歴史・文化遺産が数多く存在するのである。

　これら地域固有の遺産が内発的発展のための大きな資源となる。ところが、中山間地域に暮らす住民にとって有形無形の遺産との関わりは日常的であり、これに対する住民評価は一般的に低い。このため地域の自然や歴史文化の固有性に価値を見出す部外者の視点が必要である。また新たな価値を見出した地域の特徴を特産品開発やエコツアーのような持続できる経済活動に結びつけるプロセスも重要である。さらにこれらの経済活動を地域の課題解決につなげる仕組みも大切であろう。

　そこで本章では、エコツアーを通じて住民主体で地域課題の解決に向き合っている台湾の自然保護区（国家公園）内外の事例を紹介したい。

第2節　台湾の近代化と内発的発展

　台湾では、戦後の急激な近代化に伴う社会構造の変化の中で、人々は公共的な諸行為に対して無関心になり、地域共同的社会としての感覚を徐々に喪失していった。そこで、地域社会の共同性を取り戻すために、1960年代から、すでに存在していた地方行政単位とは

別に「社区」という新しい地域社会の単位が形成された（黄世輝・宮崎清, 1996）。「社区」とは、いわゆるコミュニティーの訳語である。1968年には内政部から「社区発展工作要綱」が提出され、その後も更なる社区発展のためにこの要綱の修正が繰り返された。社区発展の概念自体は社会構造の変化の早い段階で出現したが、この「社区」がとりわけ重要視され始めたのは、民主化の動きが高まる1990年代からである。この社区を単位とした「自然や文化を活かした住民参加型のまちづくり」（社区総体営造）が、台湾の都市や農村で1990年代から活発になった。社区総体営造の詳細については2章を参考にされたい。本章で紹介する台湾の自然保護活動やエコツアーの推進も、NPOである社区発展協会および基金会が主体となり住民参加型で行われている。

第3節　台湾の生物多様性とその保全政策

　台湾は北部が亜熱帯、南部が熱帯の気候帯に属しているが、冬期に積雪も観測される標高3000m級の山脈が島の中央部に連なり、地形や自然環境の多様性が高い。台湾の国土面積は3.6万 km^2 と日本の38万 km^2 の1/10ほどだが、これまでに確認されている哺乳類は90種（127種：括弧内は日本分布種）、鳥類は565種（633種）、爬虫類は96種（99種）、両生類は38種（63種）と、面積の割に生物の多様性は高い（行政院農業委員会特有生物研究保育中心「台湾野生動物資料庫査詢系統」；日本分類学連合会「脊椎動物亜門 - 日本産生物種数調査 -」および日本鳥類目録）。

　しかし台湾の生物多様性は戦後の近代化の中で減少した。行政院農業委員会固有生物研究保全センターによると台湾の保全すべき野

生動物種数（3カテゴリーの合計：絶滅危惧種、貴重種、その他の保全すべき野生動物）は陸生哺乳類で17種、鳥類で90種、爬虫類で32種、両生類で12種にもおよぶ。その原因は、農地の開拓、都市開発、ダム建設などによる生息地の破壊や、野生動物の肉、毛皮、漢方用の骨などを目的とした乱獲などである。

そこで自然保護区を設立する国家公園法（1972年）と野生動物の捕獲を制限する野生動物保育法（1989年）が策定された。国家公園内では、指定地域内での土地利用や野生動物の捕獲や植物の採取が制限されている。現在、行政院農業委員会林務局の「2005 環境永続指数」によると法に基づく保護・保留区の陸域面積は国土面積の19.2%にもおよぶ。

動植物を厳格に保護する国家公園では、伝統的に動植物を利用してきた住民とのあいだで衝突を起こすことがある。そこで台湾では自然保護と住民の経済的発展の両立を目指したエコツアーを進めている。次に国家公園内外における住民主体によるエコツアーの現状紹介したい。

第4節　台湾の国家公園内外における自然保護と住民主体のエコツアー

1　墾丁国家公園での各種エコツアーの概略紹介

台湾最南端の屏東県恒春半島に位置する墾丁国家公園内でのエコツアーの概略を紹介する。墾丁国家公園は1984年に台湾で最初に設立された国立公園である（**図1**）。公園の範囲は、恒春鎮、車城郷、満州郷の行政区分にまたがり陸域18,083ha、海域15,206ha、総面積33,289haである。熱帯性気候に属し年間の平均雨量は2200mm

だが、雨季と乾季がはっきりしている。植生は海岸植物群落と山地植物群落に大きく2つに分かれる。山地植物群落では、カキノキ属の黄心柿（*Diospyros maritima*）や台湾黒檀と呼ばれる毛柿（*Diospyros discolor*）、ガジュマルに類似するイチジク属の白榕（*Ficus benjamina*）が多い（周大慶ほか, 2006）。国家公園内は自然特性と既存の土地利用

図3-1　調査地3地点の位置

様式に応じて生態保護区・特別景観区・史蹟保存区・レクリエーション区・一般制限区の5つに区分されており、それぞれの区域ごとに保護計画が策定されている。公園内には社区とよばれる集落に約2万人が居住し、年間約500万人もの観光客が訪れる。このため国家公園内の住民による生活要求や観光開発の圧力が高まり、野生生物の生息地が脅かされていた。また野生動物の密猟や植物の盗掘が問題となっていた。

墾丁国家公園管理所によると、従来の自然保護区管理では、保護

区内の住民生活よりも自然保護を第一の目的としていた。これは、世界最初の自然保護区が設立されたアメリカ型の手法であり、とりわけ原生自然の保護を重視していた。その後、自然保護区が各国に広がる過程で、保護区内において自然資源を伝統的に利用しながら暮らす住民と保護区管理当局との軋轢が多発した。そこで住民との軋轢を解消するため、自然や土地利用を厳格に制限する核心区から利用制限を緩和した区域まで、保護区内の土地を段階的に区分した。立ち入り可能な区域では、自然保護と地域住民の経済活動が両立できるエコツアーが広がった。

墾丁国家公園でも住民主体のエコツアーを推進しており、墾丁国家公園管理所だけでなく、大学などの外部組織とも連携して取り組んでいる。2005年から雲林科技大学や屏東科技大学などの教員や学生が社区住民と共に地域資源を調査し実施している。また社区住民はエコツアーのガイドとして生態解説員の資格を取得している。資格取得の条件は、地域の動植物について座学での学習、実地での解説実習および地域の自然資源の調査である。墾丁国家公園内の植物図鑑（墾丁国家公園植物生態）も作成され、生態解説員の質の向上に役立てられている。

エコツアープログラムの内容は、水蛙窟社区ではハナジカ（梅花鹿）の観察や草原音楽会、里徳社区では地域の自然資源を活かした手ぼうきやイチジクゼリー（カンテンイタビ）の作成などの体験型観光および欖仁渓での自然観察、港口社区では茶摘みとお茶作り体験、社頂社区ではハナジカ観察や夜間の自然観察などがある。提供される食事も地元の旬の食材を用いるなど趣向が凝らされている。次に国家公園管理所と原住民との衝突を解消した社頂社区でのエコツアーの取り組みを詳しく紹介する。

2 墾丁国家公園内でのエコツアー:社頂社区（屏東県恒春鎮墾丁里）

　社頂社区では原住民のパイワン族（排湾族）が狩猟をおこない農地を開拓して自給的暮らしを営んできた。しかし狩猟に銃を使うようになり、各種ほ乳類の個体数は減少した。

　社頂社区を含む墾丁国家公園が1984年に設立されたことで、原住民の生活は一変した。国家公園内の植物採取や動物捕獲が禁止され、畑作や住宅建築などの土地利用が制限されたのである。当初国家公園の設立に反対していた原住民もやがて民宿経営などの観光産業に従事するようになった。しかし、同じ墾丁国家公園内でもサンゴ礁も広がる海辺でのリゾート観光地開発が進み、山地にある社頂社区まで足を運ぶ観光客は徐々に減少した。経済的に困窮することで盗掘や密猟など、原住民と墾丁国家公園管理所との間のトラブルは絶えなかった。そこで、2005年に社頂社区がエコツアーモデル地区に指定されたことをきっかけとして地域資源調査やツアーコースの開発（夜間および日中自然観察・探鷹会・毛柿林神秘の旅・ハナジカ探訪）などをおこない、住民主体によるエコツアー型の地域発展へと舵を切った。2006年から大学関係者も加えたエコツーリズム協議会を立ち上げ、生態解説員などの人材育成をおこない、試験的にツアー客を受け入れた。2007年からエコツアー型観光に関する労働組織を作り、ツアー客を本格的に受け入れ、生態系のモニタリングを開始した。また自然のオーバーユースを防ぐため、ツアーごとに一日あたりの受け入れ上限人数を設定した。さらに自然と原住民の伝統文化を活かした新しい環境景観計画を作り、自然や原住民の文化保護が地域産業の発展につながるよう地域全体で取り組み始めた。たとえば50年前に消失した炭焼窯も復活させ、建物のデザインも原住民の意匠を凝らした。また国家公園管理所は、内外の講師による学習会を企画し、住民主体の生態系モニタリングを支援して

いる。モニタリング対象種は、キシタアゲハ、ホタルの1種、カンムリワシ、タイワンザル、ハナジカである。社頂社区の歴史や文化およびエコツアーの理念や地域の動植物を解説する社頂エコツアーハンドブック（社頂生態旅遊手冊）も作成している。

　国家公園管理所の技術専門官が深く関わりながら、地域コミュニティー作りの話し合いを繰り返す中で、住民の意識も変わりはじめた。コンクリートの道路を整備し街灯を付けるなど観光地として土地を大きく改変することが地域の発展の鍵ではないことに住民は気づき始めた。住民自ら自然工法にもとづき土で固めた道を整備した。原住民は生木の盗伐ではなく枯死木を燃料として利用しはじめ、水牛の密放牧のような地域の問題も解決した。密猟者を見回る住民巡回隊も組織された。地域の活動に自発的に取り組む者が増え、地域コミュニティーの人間関係も相互不信から相互扶助へと変わってきた。これらの「エコツアーサイトの確立およびエコツーリズム協議会」の取り組みは、2008年に行政院により行動計画永続賞を受賞し、社頂部落は2008年度多元就業開発プログラム第5期計画執行優良部門として表彰されるなど外部評価も高まった。

　社頂社区での取り組みは、地域の自然を伝統的に直接利用してきた原住民が国家公園の設立に伴い、エコツアーという自然の間接利用によって自然保護と経済的な自立の両立を目指す典型的な事例である。しかし、原住民が地域の自然について学ぶ学習プログラム開発や生態解説員（2013年3月には16名）という資格取得制度などが整備されているうえ、自然のオーバーユースを防ぐために予め受け入れ人数の上限を設定している点は、エコツアーの持続性を担保する重要な要素である。

　前述のように社頂社区は国家公園内に位置するため、狩猟や畑作の禁止という国家公園管理所のトップダウン型の利用制限が公園設立当初は行われた。このため住民反発が大きかったが、現在はエコ

ツアーという経済的なインセンティブが機能することで地域住民の内発性がうまく引き出され、国家公園管理局との軋轢が解消している印象を受けた。この関係改善には、専門知識を持つ大学との水平連携も重要な役割を果たしていた。

3　国家公園外でのエコツアーの事例 1
：達娜伊谷自然生態公園（嘉義県阿里山郷山美村）

　国家公園外における自然資源を活かした原住民主体の内発的発展の取り組みを紹介したい。

　台湾はユーラシアプレートとフィリピン海プレートの衝突による造山運動で南北に複数の山脈が走り深い谷筋が形成されている。谷筋は水量が豊かで魚類も多いため古来より人が住みついた。台湾中部嘉義県の観光地、阿里山森林遊楽区から南西に約 50km、阿里山郷山美村の達娜伊谷は、台湾の原住民であるツォウ族（鄒族）の伝統的な漁場だった（図1）。ツォウ族は山神や河神を信仰し、自然資源を持続的に利用する伝統的価値観を持っていた（曾旭正, 2007）。しかし、1970年代末ごろから豊富な魚類を求めて外部から多くの人がやってきた。彼らが持ち込んだ毒や電気ショッカーを用いた漁法により、村の水源は汚染され河川生態系は壊滅的な被害を受けた。

　このように台湾では日本統治時代やその後の漢族社会の影響で、原住民の伝統文化が大きく衰退した。しかし 1980年代後半の民主化運動に伴い原住民の権利運動が起こった。さらに 1990年代の住民主体のまちづくり政策（社区総体営造政策）は、台湾原住民の権利運動の一環として自然生態系や伝統文化を活かした地域活性化の取り組みを後押しした（曾旭正, 2007）。

　魚類の乱獲により河川生態系が損なわれた達娜伊谷では、1985年から原住民自ら禁漁区を設定し環境保護活動を始めた。また 1989年から達娜伊谷の両側6kmの範囲を生態保護区に指定し狩猟も禁止

した。国家公園外での住民主導型の自然保護活動は、行政院農業委員会（日本の農林水産省に相当）から「自然生態保護のモデル」として表彰された。1993年には山美社区発展協会を設立してエコツアーを推進し、自然保護と経済的発展との両立を進めた。1995年には、民営自然保護区とも言える達娜伊谷自然生態公園を創設し、渓谷の自然景観や魚類などの生物多様性およびツォウ族の舞踊や狩猟などの伝統文化を紹介している。2013年3月には阿里山国家風景区管理所でトレーニングを受けた6名が生態解説員の資格を得ていた。

　現在では達娜伊谷自然生態公園は、多くの観光客が訪問する一大観光地となった。入場料の10％は基金会に入れて、出産、進学、結婚、老人年金などの地域福祉に利用した。雇用の場も広がり都市部に出た若者も戻ってくるようになった。ツォウ族の取り組みは一旦荒廃した生態系を住民自ら回復させ、さらに原住民の伝統文化という何物にも代えがたい観光資源を活用した成功例といえるだろう。

　しかし、2001年に発展観光条例に基づき阿里山国家風景区（総面積41,520ha）が設立され、山美村もこの範囲に含まれた。観光パンフレットによると阿里山の観光ポイントは、山から見える日の出や雲海・夕霧・神木・森林鉄道、そしてツォウ族の伝統文化が列挙されている。この自然生態系や原住民の伝統文化を求めて台湾国内の観光客だけでなく、中国大陸からの観光客も多い。山美村にも大型の観光バスに乗り短時間だけ滞在するマスツーリズムの波が押し寄せるようになった。

　山美社区発展協会理事長によると、2009年8月の3日間で3300mmの降雨により大規模な土石流が発生し、達娜伊谷自然生態公園周辺の橋は崩落し、自然環境や景観も大きく変化した。現在この被害からの復興のためにも、より多くの観光客の訪問を期待している。2009年の災害前の観光客数は年間15万人だったが、震災後の2011年には4万人まで減少した。2012年には8万人と回復し、

今後15万人まで回復させ最大20万人の目標を立てている。しかし、山間部の小さな村に多くの観光客がやってくるマスツーリズムの弊害も感じられた。達娜伊谷自然生態公園内での生態ガイドも魚の餌やりや植林した桜林などの表面的な説明などで、この地の生物相の特徴や、それを利用してきたツォウ族の民族生物学的な説明があれば、より深みのあるエコツアーになると感じた。生態解説員が利用できる地域の自然を知るためのガイドブックはまだ出版されておらず、多様なガイドブックが出版されている後述の桃米生態村とは対照的であった。また若者が主体のツォウ族の舞踊ショーも一日に何度も繰り返すマスツーリズム向けのため、量をこなすために質がおろそかにされている印象を受けた。阿里山国家風景区の管轄部局が交通部観光局のため、観光客数の確保という点では成功しているが、提供されるプログラムにはまだ改善の余地があるだろう。

　本調査では体験できなかったが、山美村以外の地域でもツォウ族の文化や自然体験を行う1〜3日のツアープログラムもある。プログラムには、ツォウ族の集落やクバ（集会所）を訪問、星空観察、夜のエコツアー、DIY体験などがある。こちらは少人数で時間をかけて滞在するプログラムである。

4　国家公園外でのエコツアーの事例2
：南投県埔里鎮桃米里（桃米生態村）

　台湾中部南投県の観光地である日月潭から北に約10kmに埔里鎮桃米里は位置する。人口は統計上では約1200人、山に囲まれた農村風景が広がる。ここはかつてタケノコが主要産品だったが競争力に欠けていた。農業収入が低いため若者は村を出ていった。1999年9月21日の台湾921地震により約60％の家屋が被害を受けた。震災後、新故郷文教基金会が中心となり、地域の自然資源を活かした地域復興が行われている。震災復興や中間支援組織としての新故

郷文教基金会の役割に関しては、高玉ほか（2007）や 若生（2012）が詳述しているため、本節では生物多様性を活かしたエコツアーを中心に紹介したい。

　桃米生態村の建設を目指したのは震災後のことである。行政・大学・地域住民、そしてNPOである新故郷文教基金会が協働して、生態村（エコビリッジ）建設を震災復興の中心に据えた。地域資源である生物多様性を保全することでエコツアーという経済活動が持続可能となり、この一連の活動を通じた地域作りを目指したのである。

　この地域に生物多様性が高いことを指摘し、エコツアーによる震災復興を提案したのは、桃米生態村から南西約30kmにある固有生物保全研究センター（特有生物研究保育中心）の研究員である。固有生物保全研究センターとは、台湾の生物多様性の概況調査、台湾固有種や絶滅危惧種について生態調査、生態学教育を行う政府機関である。桃米生態村には台湾固有種のカエル29種のうち23種が、トンボ143種のうち56種が確認されていた。この固有種を解説できる生態解説員（エコツアーガイド）を育成するプログラムを実施している。生態解説員には、初級・中級・上級があり、初級試験はカエル、チョウ、トンボ、鳥、植物の5種類がある。またこれらの生物を解説する複数のガイドブック（桃米里蛙類解説手冊、同蜻蛉類・同鳥類・同生態苗圃、桃米里常見植物100選、水上瀑布常見動植物解説手冊、埔里賞蝶手冊）も出版されている。

　生態村建設当初、住民は桃米里の生物多様性の豊かさに気付いていておらず、エコツアーを目当てに観光客が来ることを信じる者はほとんどいなかった。しかし、生態解説員の資格取得のため週2回1年間の講義を通じて地域の自然をより深く知るにつれて、住民の意識が少しずつ変化していった。以前はチョウを採集して標本を販売していたが、現在は逆にその知識を活かして生態解説員になった住民もいる。また生態解説員の2/3は女性で、農村での女性の社会

新進出のきっかけとなっている。

　今では村に観光バスが来るようになり、旅行客向けの民宿やレストラン経営を始める住民も多い。このため民宿やレストラン経営のために外部講師を招いた学習会も行っている。これらの収益の一部を社区発展協会の基金に入れ、前述の学習会の講師招聘などに用いている。また日月潭という一大観光地が近いためマスツーリズムも受け入れられるペーパードーム新故郷コミュニティー体験学習パーク（紙教堂新故郷見学園区）を2005年に設立し、現在は年間約70万人が訪れる。このうち生態解説員によるエコツアーを利用するのは一部だけである。渋滞やゴミ問題などの住民生活への支障も出始めたので、前述の体験学習パークの入場料の値上げし、観光客数を減らす対策も行われている。マスツーリズムと少人数のエコツアーをうまく切り分けている印象を受けた。

　新故郷文教基金会の理事長によると2010年から、桃米里を含む大きな行政単位の南投県埔里鎮区域で、チョウを地域のシンボルとして行政・企業・市民を巻き込んだ壮大な地域振興「再現埔里蝶の王国」プロジェクトが進行している。南投県には台湾のチョウ類418種のうち330種が分布しており、これまでは標本作成や羽を用いた切り絵の材料として乱獲が続いた。埔里鎮では1960年から1975年まで毎年2000万頭以上が採取されてきた。そこで「再現埔里蝶の王国」プロジェクトでは、これまでの直接捕獲利用から、チョウ類の保全および間接利用への大きな方向転換をおこなった。現在進行中の企画は、チョウ類の生態調査・生息地保護や再生・生態教育の推進と解説員の育成・チョウ類情報ライブラリの作成・チョウ類文化産業の推進（埔里胡蝶風芸術祭など）・生態都市見学ネットワークの構築と推進などがあり、チョウ類の保護を軸に幅広い社会運動へと展開している。

第5節　生態系保全から中山間地域の再生へ

　最後に台湾における自然保護区（国家公園）内外における住民主体の自然保護とエコツアーの3事例を比較したい。
　前述の3つの事例（社頂社区、達娜伊谷自然生態公園、桃米生態村）の共通点は、近代化の過程で地域の自然の破壊や過疎化という地域社会の危機を一旦経験したが、そこから自然を保護しエコツアーを軸に内発的な地域復興を遂げたことである。それぞれの活動主体は住民だが、外部機関との関わり方が異なっていた。社頂社区は墾丁国家公園内に位置するため、国家公園管理局との関わりが大きい。地域資源の発見や生態解説員の育成には国家公園管理局および大学との連携が重要な鍵を握っていた。国家公園管理局にとっても公園内社区の経済的自立は、国家公園の運営の最重要課題の一つであることを認識し積極的に関わっている。達娜伊谷自然生態公園は、ツォウ族独自の文化を守り原住民の権利が認められた自治集落的要素が強い。このため生態解説員の育成に関しては、阿里山国家風景区管理所との関わりがあるが、基本的に住民主体の山美社区発展協会が達娜伊谷自然生態公園の運営の方向性を決定している。桃米生態村では、近隣にある固有生物保全研究センターとの密接な関わりが住民の生物多様性への気づきに重要な役割を果たしていた。また新故郷文教基金会という中間支援組織の存在なくしては、生態村の建設は実現できなかったであろう。
　いずれの事例においても、かつての自然の直接利用から間接利用へと大きな変化が見られた。現在は減少した生物を保全する段階なのだろう。しかし、将来的には野生動物管理の技術を導入し、これ

までの乱獲とは異なる、原住民の狩猟文化を取り戻す試みも必要であろう。また桃米生態村では、生態解説のトレーニング受ける中で、住民の自然への眼差しが大きく変わった。元密猟者、都市部暮らしで自然とのふれあいは皆無だった女性、中山間地域に暮らしていたが身近な自然を見つめたことがなった住民。しかし、今は生態解説員としての学習を通じ、あらゆる動植物の名前を知ることに喜びを感じ、花と昆虫などの生きものどうしの共生関係や生物進化の妙に驚くこともしばしばである。何よりも身近な自然を見つめそれを人に伝える喜びが生態解説員の説明から感じられた。

　3つの事例において社区発展協会や基金会のような中間支援組織が地域活性化のアイデアを実現するために国や地方自治体の補助金の受け皿として機能していた。その中間支援組織の役割は、単なる地域の経済活性化だけでなく、うまく住民の自発性を引き出し経済の循環を地域の課題解決へとつなげていた。とりわけ桃米生態村から始まった取り組みは、さらに多くの範囲や主体を含む「再現埔里蝶の王国」プロジェクトへと広がりを見せている。チョウの生息地保全だけでなく生息地の再生をおこなうことで、我々の生存基盤である生物多様性というストックへ再投資し拡大する取り組みである。これは地域固有性をさらに際立たせることとなり、民主化運動としての社区総体造営の大きな成果といえるだろう。住民の生計が改善しただけでなく、多様な主体が関わり合う中で住民の生活の質をも高めている点では、中山間地の内発的発展の枠を越えた成熟社会のモデルとしても興味深い事例である。

参考文献

曾旭正（2007）『台湾的社区営造』台湾地理百科 84　遠足文化。

周大慶・王相華・陳東瑤（2006）『墾丁国家公園社頂生態旅遊手冊』墾丁国家公園管理所。

劉和義（2009）『墾丁国家公園植物生態』墾丁国家公園管理處。

邱美蘭（2001）『緑野仙蹤 - 桃米里蜻蛉類解説手冊』財団法人新故郷文教基金会＆行政院農業委員会特有生物研究保育中心。

彭國棟・邱美蘭（2001）『鳴唱山水 - 桃米里蛙類解説手冊』財団法人新故郷文教基金会＆行政院農業委員会特有生物研究保育中心。

何東輯（2001）『彩翼精霊 - 桃米里鳥類解説手冊』行政院農業委員会特有生物研究保育中心＆財団法人新故郷文教基金会。

彭國棟（2001）『緑色原郷 - 桃米里生態苗圃解説手冊』財団法人新故郷文教基金会＆行政院農業委員会特有生物研究保育中心。

彭國棟（2003）『青青河畔 - 桃米里常見植物 100 選（１）』行政院農業委員会特有生物研究保育中心＆財団法人新故郷文教基金会。

彭國棟・邱美蘭（編）（2010）『桃米山水風華 - 水上瀑布常見動植物解説手冊』南投県埔里鎮桃米社区発展協会。

彭國棟・邱美蘭・顔新珠（2012）『埔里賞蝶手冊 - 埔里地区常見及代表性 188 種蝴蝶』行政院農業委員会林務局．

行政院農業委員会特有生物研究保育中心「台湾野生動物資料庫査詢系統」http://www.tbn.org.tw/twd97/（2014 年 3 月 9 日最終確認）

行政院農業委員会林務局「臺灣地區保育類野生動物種數（2009）」http://conservation.forest.gov.tw（2014年3月9日最終確認）

行政院農業委員会林務局「2005 環境永続指数」http://www.forest.gov.tw/ct.asp?xItem=21425&CtNode=1833&mp=3（2014年3月9日最終確認）

日本分類学連合会「脊椎動物亜門 Vertebrata - 日本産生物種数調査 -」http://www.ujssb.org/biospnum/search.php?Kingdom=Animalia&Phylum=Chordata&Subphylum=Vertebrata（2014年3月9日最終確認）

日本鳥学会（編）（2012）『日本鳥類目録　改訂第7版』日本鳥学会。

高玉潔・渥美公秀・加藤謙介・宮本匠・関嘉寛・諏訪晃一・山口悦子（2007），「報告 台湾921震災後における農山村の復興―桃米生態村の事例研究―」『自然災害科学自然災害科学』Vol.25, No.4, 491-506。

黄世輝・宮崎清（1996）「台湾における地域文化の再生としての「社区総体営造」の展開―地域活性化の方法に関する研究 (1)」『デザイン学研究』Vol.43 No.1, 97-106。

若生 麻衣（2012）「台湾 桃米生態村における産業構造の変容とインターミディアリの役割― 復興再建型「社区総体営造(地域づくり)」政策と社区自治の発展 ― 」『龍谷大学大学院政策学研究』Vol.1, 169-186。

第4章　南信州・小規模自治体の自立構想と内発的発展

――＜連合自治＞の発想を生かして――

第 1 節 「平成の合併」を経て、今は

　今回、日本での中山間地域の一つに選んだのは長野県・南信州地域（飯田市・下伊那郡）であった。本書冒頭で、中山間地域でおきている危機状況を中山間地域問題ととらえたが、「問題」の所在は、人、土地、村（集落）の空洞化にくわえ、その深層で生じる誇りの空洞化、心の過疎問題にあった。中山間地域問題は、確率的にはそれら地域を多くかかえる町村（小規模自治体）において生じることはまちがいないであろう。
　本書は中山間地域における内発的発展の課題を三つの視点—地域経済循環、自治、共同性の再構築—からとらえようとするが、本稿は、中山間地域における小規模自治体における自治、とくに＜連合自治＞という発想を基点に、三項の連関を考察することを主題としたい。なお、小規模自治体の定義に確たるものはないが、ここでは通説にならい 1 万人以下の自治体をさすことにする。

　さて、長野県には町村の数が北海道につぎ 2 番目に多く、村の数は全国一である。南信州地域にも多くの村が存在する。主たる理由は、2003 年〜 2005 年に吹き荒れた「平成の合併」に乗らなかったためである。長野県の合併は全国平均 45.5％に比し、32.5％と低い。南信州地域でも一時、「一郡一市合併」つまり飯田市・下伊那郡全体（1 市 17 町村）を統合する合併案の動きがあったが、結果的には 2 組の編入合併（上村、南信濃村→飯田市。浪合村、清内路村→阿智村）で終息し、残りの 13 町村はそれぞれ独自の道を選択した。
　小規模自治体を合併に駆り立てたのは、財政逼迫の危機感であっ

た。危機回避のため、合併をうながす国の優遇措置にすがろうとしたのである。しかし、国の誘導策にのって一時的に危機を回避できたとして、財政基盤の弱い者同士が合併して、はたして「わが村わが地域」の将来展望が描けるものか、疑問が生じることは当然であった。合併特例措置の期限が切れる10年後、激変緩和措置の期限が終わる15年先を考えれば、合併によって行財政規模がふくらんだ自治体は、中山間地域問題の解決策を見出せないまま、かえって悲惨な状況になる可能性が十分予測される。いずれにしろ、小規模自治体がかかえる課題は日本社会の構造的問題であり、行政の効率化ないし行政権限の強化を主たる目的とした合併策だけで解決できるものではない。

とはいえ、何も策を講じなければ、地域社会そのものが衰退に向かっていくであろうことも明らかである。その意味で合併問題は、合併・非合併を問わず、何をもって「わが自治体わが地域」の存続をめざすのか、厳しく再考をせまるきっかけになったことはまちがいない。人口1000人前後の村を多くかかえる南信州地域は、まさにその典型であった。

さて、合併論議が一段落して10年ちかくが過ぎた。ほとんどが独自の道を選択した南信州の小規模自治体は、いま、どのような問題に向き合い、何を考えているのだろうか。各町村は、長年培ってきた「わがふるさと」の伝統や文化への誇りを堅持しつつ、いかに自らの力で存続の条件をつくり得る自治体になるか、手探りの渦中にあるはずだが、その実情はどうなのか。そうした思いのもとに、南信州の小規模自治体を事例に、中山間地域がかかえる問題解決の糸口をさぐってみたい、というのが本調査の趣旨であった。

調査は地元新聞社（南信州新聞社）をはじめ飯田市、高森町、大鹿村、中川村を訪問、村長、職員、一部市民などへのヒアリングをおこなった。中川村は行政区域では上伊那郡に属するが、高森町、大鹿村に

隣接し飯田市との関係も深いため調査対象とした。本稿はその成果ということになるが、駆け足の調査であったこともあり、調査町村の実態に即した報告になっていない。本稿は、合併とはちがう方法でいかに中山間地域の小規模自治体の存続が可能なのか、論点をより明確化するための「中間報告」であることをあらかじめお断りしておく。

第2節　南信州はどのような地域か

　まず、南信州地域の概要を記すことからはじめたい。南信州地域は、標高3000メートル級の山々がつらなる南アルプスと中央アルプスに挟まれた伊那谷の南部に位置し、総面積1,929平方キロの広大な地域のうち約90％近くを森林がしめる典型的な中山間地域である。地域全体の面積は、香川県や大阪府よりも広いが、人口は約16万9千人（2010年国勢調査）にすぎず、中心の飯田市の他は人口1万以下の町村が11ある。なお、長野県は県域の市町村をくまなく10ブロックに分け、市町村が共同して行政サービスの一部を運営する行政組織「広域連合」をもつが、その一つ「南信州広域連合」は現在、この飯田・下伊那郡の1市13町村で構成されている。
　地形的には、地域内の標高差が約2700メートルもあり、植物の南限・北限が交差することや、両アルプスの隆起や浸食によって形成されるなだらかな河岸段丘や急峻な谷筋など、変化に富む地形からなり、豊かな自然資源と景観に恵まれている。歴史的には、この地域から日本最古の貨幣とされる「富本銭」が出土するなど、伊那谷は古代より都(中央)と深いつながりをもっていた。古代の官道・東山道、また「塩の道」とよばれる三州街道、遠州街道、中馬街道

などの陸運、また諏訪湖を源流に、伊那谷の真ん中を北から南につらぬき遠州灘へと向かう天竜川の水運により古くから人、物、文化、情報が行き交う結節点であった。古代以来、交通の要衝地であったこともあり、多彩な文化資源を蔵している。特に天竜川水系の山間地に点在する集落には、多くの民俗芸能が息づき、神楽、人形浄瑠璃、歌舞伎、屋台獅子など、民俗芸能の宝庫と称されている。柳田國男、折口信夫をはじめ多くの民俗学者もこの地の古層の民俗文化に早くから注目していた。

　しかし、多彩な民俗芸能の存在は、急峻な地形と気候寒冷の地で暮らしてきた人々の厳しい現実を映す鏡でもあった。南信州は満蒙開拓民を多く送りだした地として知られているが、その背後には、狭隘な耕作面積しかとれず、養蚕、出稼ぎ、移民で生きてきたこの地の人々の過酷な現実があった。また、島崎藤村『破戒』の主人公である青年教師・瀬川丑松とその師のモデルは、この地の人物であった（大江磯吉、下殿岡村・現飯田市下殿岡）。『破戒』に象徴される近代黎明期の苦悶は敗戦後、南信州の民主化、地域づくりの中心をになった公民館運動に引き継がれているようにも思う。合併を選ばなかった南信州の人々の自治の気風と、戦後、南信州全域で展開された公民館活動との関連については、後ほど触れたい。

第3節　2つの危機指標

　市町村の合併の特例に関する法律（旧合併特例法）の期限が迫った2005年、飯田・下伊那地域をエリアとする南信州新聞は、この地域の「自立度」を2つの指標で報じている（2005年1月1日付）。一つは、各市町村の「行政の自立度」であり、二つは、「地域経済の自

立度」である。2004年に飯田市長に就任した牧野光朗氏が、南信州全体の経済自立度を70％にまでたかめることを目標にしたことを機に、経済自立の論議は南信州全域の主要関心事になっていった。

「経済自立度」とは、地域住民が必要とする年間所得（全国平均1人あたりの年実収入額202万6000円・推定×人口16万6800人＝約3380億円）を分母に、農林業、観光、工業など地域産業から産出される波及所得額を分子にして割った数値である。その割合は43・9％にすぎず、公的支出からの波及所得額を合算しても、なお458億円不足することが示されている。当時は小泉内閣時代であり、「小さな政府論」が喧伝され国家財政依存からの脱皮が政治争点になっていた。経済自立度70％とはそうした流れをうけ、政府・自治体支出による波及所得を30％にとどめ、民間産業による波及所得額を70％に上げようとする考えであった。70％という数値の明記により、南信州全体を視野に経済自立の機運をうながしたことは確かであった。その関連で外来型産業に依存するだけでなく、地域資源をもとに、域内経済循環をめざすことの重要性も認識されてきた。だが、目標設定10年後の2012年度の経済自立度は、いぜん46・7％にとどまっている[1]。人口動態に関しても南信州全域市町村の10年間の変化を本稿末に記しておいた。人口も低減傾向が続いており、南信州全域の厳しい現実は、こんにちなお変わっていない。

経済自立度の低さは、裏を返せば、地域経済が公共事業や社会保障など公的支出に大きく依存せざるを得ない状況をしめしている。だが「行政の自立度」も、輪をかけて厳しいものであった。同新聞は「地方交付税に依存する現実」「減りゆく地方交付税」「小規模自治体の厳しい現実」「自立度指標である財政力指数」をグラフ化し、その実態を明らかにしている。本稿末に人口動態とあわせ、財政力指数をはじめ財政基礎指標の数値も掲げておいた。数値をみる限り、行政の自立度もまた、こんにち改善されているわけではない。なお

当時は、三位一体改革による地方交付税の削減が財政危機を深刻にしていた。地方交付税依存の実態をふくめ、厳しい財政状況は10年後も変わっていないが、ここ10年のデータから、地方交付税の削減による自治体破綻という道は避けられたことがわかる（109ページ参照）。

さて新聞は、2つの自立指標を通して明らかになった南信州地域の危機克服の方向を「中央依存からの脱却」という言葉でまとめている。この言葉から、南信州地域が国主導の合併に従ったとして、必ずしも自立の道が保障されるわけでない現実が見えてくる。だが、その一方で、小規模自治体の個別的努力だけで危機克服ができないメッセージも伝わってくる。合併という方法とはちがうかたちで、南信州地域全体の生き残りのシナリオをどのように構想するのか。その模索の呼びかけがこの「中央依存からの脱却」という言葉にこめられているようにみえる。

第4節　北海道町村における＜連合自治＞の模索から

　平成大合併でもっとも合併が少なかったのが北海道であった。北海道の合併実績は、全国平均の三分の一であり、道内で1万人未満の自治体は、178市町村（2011年現在）のうち110を超える。財政力指数も、南信州の小規模自治体とあまり変わりない。北海道は他の県同様、政府の後押しをうけ知事が積極的に合併推進の旗を振ってきた。にもかかわらず、なぜ北海道では合併が進まなかったのだろうか。長く北海道の小規模自治体の動向を観察してきた神原勝氏は、その理由を概略次の6点に整理している[2]。

　①面積が広く行政の効率化が期待できない。②合併による財政基

盤の強化が見込めない。③地域における一極集中（過疎化）が進む。④まちづくりや政策の面で個性が失われる。⑤北海道では合併の成功例がほとんどない。⑥合併のほかに選択すべき道がみえてきた。

　氏は北海道特有の理由として以上6点を挙げているが、事情は南信州地域にもあてはまるはずである。もちろん北海道と南信州では歴史、文化をはじめ事情は大きく異なる。だが、南信州地域は急峻な谷筋にそって散在する集落がおおく存在するため、①の行政効率化の効果は期待できない。②も財政力指数0.1ないし0.2といった自治体同士が合併しても財政基盤の強化につながらない。③も諸施設の統廃合さらに人の動きも周辺部から中心部に移動するなど、合併によりむしろ過疎化はいちだんと進む。つまり合併を契機に新たな中心‐周辺関係が生まれ、周辺部では人、土地、集落の空洞化が加速されることは、飯田市に編入合併された二つの村（旧上村、旧南信濃村）でも確認できる。

　空洞化が加速してくれば、地域の固有資源を生かした個性的な地域づくりも難しくなる。

　注目すべきは、合併以外に選択できる道が見えてきたとの指摘であろう。具体的には「広域連合」である。この制度を活用し北海道の小規模自治体では、介護・国民健康保険など事務の効率化をめざす事務連合をこえ、医療・雇用・環境などの分野で政策連合のうごきがはじまっている。この事実をふまえ氏は、小規模自治体相互の水平補完の政策・制度構築を、一般に流通している「広域行政」という言葉に替え、＜広域自治＞ないし＜連合自治＞という言葉を造語し、基礎自治のかたちを多様化すべきと提起している[3]。

　日本の地方自治はヨーロッパとちがい（ヨーロッパ地方自治憲章）、明治期以来、自治体間にまたがる課題解決は権限配分に準じて国→広域自治体→基礎自治体の垂直方向（上下関係）で処理され、自治体が横つまり水平につながり、協力しあって自治を展開する動きが弱

かった。水平連携が未熟であったため、住民も「お上」に依存し、自治の展開を阻む要因となってきた。ゆえに＜連合自治＞の発想は合併策への対抗策というより、伝統的な官治・集権の統制型スタイルに抗し、地元住民ついで自治体が地域社会の変動に柔軟かつ効率的に対応する力を蓄えるためにこそ欠かせない、と神原氏は強調する。

　市町村ごとの＜個別自治＞にプラスしてそれを補完する市町村相互の＜連合自治＞の組み合わせによる新たな基礎自治の構想で、小規模自治体の新しい可能性を見出そうする試みだが、こうした発想は平成の合併当時、長野県で構想された「ゆるやかな町村の連合と県の補完」の取り組みと親和性がたかいと思えるが、はたしてどうであろうか。

第5節　新たな基礎自治の構想「南信州モデル」

　長野県は先述のように、平成の大合併で合併率が全国平均より低く、また村の数も全国で一番だが、その主たる要因は大きく二つ考えられる。

　長野県は平成合併以前から小規模自治体がおおく存在し、相互にそのハンディを補う仕組みとして広域連合制度を活用してきた。平成の合併の以前から長野県は広域連合の先進県であった。事実、長野県内の市町村へのアンケートで、合併・非合併の決定に際し、広域連合の存在が大きかったと回答した市町村が相当数占めている[4]。

　二つは、当時の田中康夫・長野県知事の「平成の合併」に対する基本スタンスがある。田中知事は国主導の合併に慎重であり、合併を選択せず独自の地域づくりを進めようとする市町村を支援するプ

ラン—「長野県市町村『自律』支援プラン」を打ち出した（2003年9月）。内容は、①市町村間の水平連携による自治の強化と、②県による小規模町村に対する補完体制（確保の難しい専門分野の人的支援や市町村事務の県受託など）で、小規模自治体の自主・自律を確保する試みである。

　この自律支援プランをうけ、南信州地域では下伊那町村会と長野県で「新たな自治体運営『南信州モデル』実践プラン」（「下伊那地域振興戦略会議」2004年11月。以下、「南信州モデル」と記す）がまとめられた[5]。「南信州モデル」はその後、一部具体化されたのみで全面的に実現したわけではない。だが、そこに示された多様な自治の構想——南信州全域をカバーする広域連合という枠組を前提に、下伊那郡を北部、西部、南部にわけ、ブロック単位で、ゆるやかな町村の連合と県の補完の組み合わせる方式は、小規模自治体の自主性・自律性を確保しつつ、それを南信州全域の持続可能性につなぐ機運をたかめるきっかけになったことは確かであろう。

　「多様な自治の構想」をスケッチしたのが、図1である。町村連合、

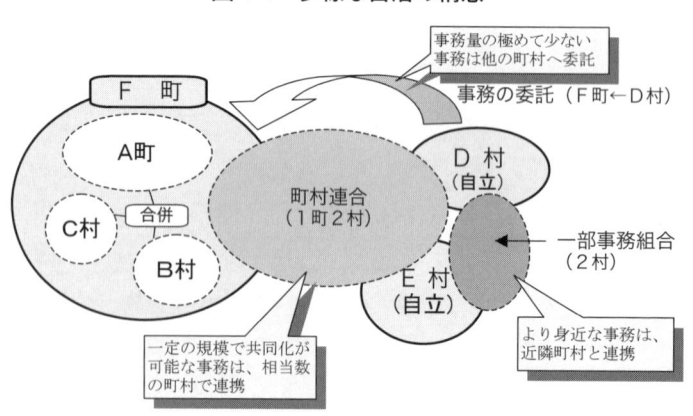

図4-1　多様な自治の構想

「下伊那地域振興戦略会議・報告書」より

他の町村への委託や近隣町村による一部事務組合などの組み合わせで、事務の性質や量に応じ、多様な共同・連携方式を探ろうとする構想である。重要なことは、この多様な事務の共同・連携方式プラス県の支援体制が、事務事業レベルでの「広域行政」の試みにとどまるのであれば、基礎自治の新しいかたちを示唆するとまではいえないということであろう。南信州モデルが新たな基礎自治の可能性をもつには、この共同・連携方式が事務事業レベルをこえて、地元住民の自治力を触発し、新たな自治のかたちを造出する契機になり得たかどうか、にかかってくる。

　今回の調査で、その具体的事例をくわしく調査する時間的余裕はなかった。だが、この南信州モデルが一つのきっかけになり、小規模自治体における新たな自治の機運が着実に浸透しつつあることは確認できた。つぎにその典型事例の一つを挙げておく。

第6節　阿智村における新たな基礎自治の展開

　南信州の西部に位置する阿智村は、浪合村（2006年1月）、清内路村（2009年3月）を編入合併してもなお人口7000人（2010年現在）の小規模自治体である。阿智村は合併以前から「住民主体の村政」を実行してきた自治体として知られる。その具体的展開に関し、岡庭一雄村長のインタビューを中心にまとめた一冊の本[6]がある。同書をテキストに、小規模自治体における基礎自治の模索の現状をさぐってみたい。なお、阿智村は現在、岡庭村長が勇退（1998年〜2014年1月、4期16年）し、熊谷秀樹氏に交代しているが、村政の基本方針は継承されているようである（阿智村のホームページより）。

　何をもって「住民主体の村政」といえるのか。主要産業である観

光（昼神温泉）、農業（有機活用農業の振興）、さらに産業廃棄物処分場問題（社会環境アセスメント）、地域自治組織などの事例から素描してみる。共通して貫かれている姿勢は「自治のルール」の模索である。自治のルールとはまず、外部からの力に依存するだけでなく、阿智村として「守るべきものは何なのか」、村民相互で徹底して学習・議論をおこない、その成果をふまえた独自政策と、その実現を担保する合意手続の創意工夫にある。

　たとえば村民が所有する土地であれ自由に売ったり貸したりせず、土地を村の共有財として計画的に活用するため結成された「土地開発協同組合」にはじまり、温泉の乱開発を防止する「地下水資源保全条例」や、旅館経営者たちが共同で昼神温泉全体をマネジメントする会社（株式会社昼神温泉エリアサポート）の設立などがそれである。地権者ないし旅館経営者たちによる土地の共同管理の背後には、外部からの無差別の投資によって土地の荒廃がおこれば、それは即、村の荒廃につながるという危機意識があった。

　この発想は、村の基盤産業と位置づけられた農業でも最大限活用されている。「基盤産業」という言葉には、専業農家や小規模農家をふくめ、中山間地域・阿智村の経済、文化、福祉など暮らし全体の基盤に「農業」を据えたいという思いがこめられている。そのための組織として、村をいくつかの地域営農集団に分け、それを阿智村農業のブランドづくりにつなげている。具体的には有機活用農業振興会という村民限定の会員制組織をつくり、優良な完熟堆肥を求める耕作農家と畜産農家をつなぐ施設（堆肥センター）を核に資源循環型農業を展開し、付加価値のある堆肥と農産物の商品化がめざされている。この政策を村の基本方針とするため「有機活用農業推進条例」を制定し、有機農産物のブランドを高める認証制度を設けている。

　こうした取り組みを側面から支援する組織として「阿智村営農支援センター」がつくられている。同センターの役割は特産農産物の

開発や栽培指導、土壌調査、販路開拓・指導等だが、温泉旅館と連携して観光と農業の結合をはかる試みもある。また、ここに県の農業改良普及員が常駐している。先の田中県政による自律支援プランによる県職員派遣事業の一環である。

　資源循環型の農産物という価値創造をめざす農民の組織化、それを支援する村、村を補完する県、さらに観光と農業の結合という複合・重層的な連携によって域内経済循環のダイナミズムが創出されているが[7]、そこには多様な主体による「自治のルール」が幾重にも組み込まれている。

　自治のルールの模索は、観光、農業だけでなく、村政の運営にも貫かれている。その一つが産業廃棄物処分場建設の諾否に関する事例である。産業廃棄物処分場という迷惑施設の建設は、地元住民間で厳しい対立を引き起こすが、諾否をめぐる合意手続として考案されたのが「社会環境アセスメント」である。社会環境アセスメントとは、アセスメント制度が結論ありきのアワスメントにならないための手法として考案されたものだが、特長はつぎの3つである。

　一つは、客観的なデータに基づき、徹底した情報公開をおこない討議すること。二つは、行政だけでなく議会も決定に責任をもつこと。三つに、「社会環境アセスメント委員会」を専門研究者と公募の地元住民で立ち上げ、客観データにもとづき熟議を経た後、県や関係団体に交渉する方式をとったことである（産業廃棄物処分場の許可権限は県にある）。ポイントは、この委員会に建設反対の住民も参加していることと、アセスメント報告書が安易なコンサル委託ではなく、委員会独自の作業で作成されていることにあろう。廃棄物処分場の建設自体は、紆余曲折をへて最後は中止になっているが、住民間の厳しい意見対立を組み込んでの合意形成のルールづくりは、確実に阿智村の自治力をたかめる貴重な経験になったことを、岡庭村長自身強調している。自治力は、住民の寛容の精神が発揮されてこそ成り

立つものである。この合意手続の工夫は、多大な投資を必要とする公共下水道事業を合併浄化槽方式に切り替える際にも生かされている。

　阿智村には二つの自治組織、一定の地域を単位とした「地区自治会」とテーマ別の任意の「村づくり委員会」がある。いずれも行政と対等の関係にある住民の自治組織と位置づけられている。地区自治会は村全域を網羅した組織ではなく、村長の呼びかけに応じ組織されている。谷筋の集落連合や財産区、合併の旧村単位などタイプは多様だが、職員の配置や活動支援費の交付など、行政との関係は緊密である。村づくり委員会も五人集まれば補助金が交付される要件が整う。この住民自治組織は、平成の合併を機に法制化された「合併特例区」や「地域自治区」とはちがうが、こうした自治組織は他の自治体でも取り組まれている。近隣では木曽町がそうである。

　問題は、住民と行政との接点での地域自治のルールがあいまいで、行政主導の下請け組織に堕することへの危惧である。岡庭村長の発言からは、あくまで住民の側からの発意・提案を生かす制度であり、その危惧は十分考慮したうえでの取り組みであると強調される。同じ村でも急峻な谷筋に分散した集落をおおくかかえておれば、住民と行政をつなぐ仕組みの工夫は大事になる。だが、にもかかわらず、特に「地区自治会」は区切られた地域での唯一の包括的団体であるかぎり、自治体と同型の組織として馴化しがちになる。地区自治会と自治体の関係は明らかに非対称の関係であるため、両者は上下関係になる要因をつねにかかえこんでいる。

　地区自治会では、地区自治会でやること、行政との共同さらに行政の責任でやるべきことを決め運営されるというが、地区自治会と行政の間にたつ職員（組織）はどのような役をになうのだろうか。地区自治会で作成された地区計画は村の計画に接続すると述べられているが、そうであればなおさら両者をつなぐルール─情報公開、参

加手続、執行手続等のしくみは必要不可欠となる。これらのルールがあってはじめて、間にたつ職員がなすべきこと、逆になすべきでないことの紀律も担保される。阿智村と旧浪合村・清内路村で生じるであろう中心‐周辺関係の固定化の回避、さらに旧村地域の独自性を確保するうえでも、この地域住民組織と行政の接点での自治のルール化は極めて重要になる。

　誤解のないよう記せば、こうしたルール化が那智村に欠けているといっているわけではなく、両村との合併過程でも、財政情報の公開をはじめ、両者の接点でのルールづくりに配慮した議論がなされている。なお、この住民・行政間のルール化の課題は、中山間地域だけの問題というわけではなく、都市部の自治体も共通にかかえる今日的課題であることを確認しておきたい[8]。

第7節　南信州の公民館活動と自治の気風

　岡庭・阿智村村長の住民主体の村づくりの原点は公民館主事時代に培われている。長野県で公民館主事の経験をもつ村長に「小さくても輝く自治体」をモットーに合併を選ばなかった栄村の高橋彦芳村長がいる。長野県は公民館の数が一番多い県であり、最も盛んな地域の一つが飯田・下伊那郡であった。岡庭村長も、戦後登場した公民館は「当時、住民だれでも個人の資格で自由に参加できる、青年、婦人のたまり場であり、学習の場であった」と述べている。若き日、岡庭村長は、下伊那郡の各町村の公民館主事たちに交じって、民主化による新しい郷土づくりの最前線に立っていた。

　下伊那郡でいち早く公民館を開設した村に竜丘村（現飯田市竜丘）がある。竜丘村は戦前、自由教育（山本鼎の自由画教育、鈴木三重吉の

生活綴り方教育）の歴史をもつが、竜丘公民館は創設以来 60 年余、継続して「公民館報」を発行してきた。それをもとに、地域住民と公民館の関わりの歴史をたどった一冊の本[9]がある。もう一つ、岡庭村長にとって下伊那公民館主事会の先輩格にあたる人（元松川公民館主事・松下拡氏）による飯田・下伊那郡下の公民館運動の軌跡をまとめた小論（「社会教育研究全国集会が開催される①〜⑤」南信州新聞、2009 年 8 月 11 日〜同 8 月 20 付）がある。それをもとに、戦後公民館の原イメージと飯田・下伊那郡での公民館の歴史を確認することにしたい。

戦後公民館は敗戦直後の 1946 年、いわゆる「寺中構想」による文部事務次官通達からはじまる。竜丘公民館もこの寺中構想の趣旨・目的・運営上の方針をもとに 1947 年にスタートしている。なお、1951 年には下伊那郡の全村（当時 1 市 42 村）で設置が終わっている。

寺中構想とは、①町村単位に、②町村民の文化・教養の教化、③住民間の交流、郷土産業の振興をかねた総合施設、④町村民による自主的運営、特に青年会への期待を主たる内容にしている。青年会の重視は、戦前の青年学校（尋常小学校の義務教育終了後、勤労に従事する青少年に対する社会教育）を引き継ぐものであった。戦後公民館は、青少年を戦争へと駆り立てた青年教育の「戦後処理をからませて、町村の『ムラ自治』の中心施設」としてスタートしている[10]。竜丘「公民館報（創刊号）」は、開館式での村長の挨拶を収録しているが、そこで語られている「行政は村を守る厳父であり、公民館は村を育てる慈母」（同書、28〜29ｐ）の言葉に、当時の公民館への期待と原イメージが端的にあらわれている。

公民館はその後、1949 年の「社会教育法」の制定とともに、文部省所管の社会教育「事業施設」として整備されていく。重要なことは、社会教育法制定後も社会教育行政の事業施設という枠をこえ、「地域の中心施設」としての原イメージが引き継がれていることにあ

ろう。

　竜丘村は、1956年の「昭和の大合併」で飯田市に吸収され飯田市竜丘になる。竜丘公民館も飯田市の地区公民館として再出発するが、上の原イメージは飯田市の社会教育行政として、いっそう強固なかたちで継続されていく。その中心にいたのが松澤太郎市長（教育長を経て1972年に市長就任）であった。飯田市は1956年の昭和の大合併以来、「旧各村に独立した公民館を設置し、役場の跡に支所（現在は自治振興センター）を置き、両者でそれぞれの地区の自主性を尊重した村づくりをおこない」（松澤太郎、「南信州新聞」2003年11月13日付）、また、公民館で地域課題を積極的に取り上げる「市民セミナー」を開催している。こうした実績をふまえ飯田市公民館の四原則（1971年）がつくられ、今日まで継承されている。四原則は飯田市だけでなく、南信州全域の公民館運営の原則でもあった。

　飯田市は現在、21の公立公民館（20の地区公民館と全体の連絡調整をおこなう飯田市公民館）と施設の管理・事業をすべて住民管理でおこなう「自治公民館」（103か所、飯田では「分館」と呼ぶ）をもつが、四原則とは、①地域中心主義、②各公民館は並列対等、③住民参加の運営原則、④教育機関として公民館は一般行政から独立、である。③の原則により、ⅰ地区公民館の事業は地域住民から選ばれた専門委員で企画運営され、ⅱ地区公民館の専門委員は、主に「分館」を運営する中心メンバーが兼ねている。この住民参加方式により、20の地区公民館と103の分館には常に数千人の飯田市民が公民館委員として運営に携わっており、この実態をふまえ飯田方式の公民館行政は、「分館」（自治公民館）が土台と位置づけられている[11]。

　いっぽう、各地区公民館には④の原則にもとづき、地域から選ばれた非常勤特別職の公民館長と市職員の公民館主事が配置されている。「教育機関として一般行政から独立」の文言と、この公民館長‐公民館主事体制を重ね合わせれば、あたかも社会教育行政の中にミ

ニ自治体ができるような印象をうけることは否定できない。このミニ自治体としての公民館像（社会教育行政）と、常時数千人の飯田市民が運営に参加している公民館像（住民の自治活動）には乖離があるように思える。その乖離をどのような論理で統一させるのか、率直にいって戸惑う。

　かつて公民館は、明治憲法による「国家（天皇）の人民としての『公民』（広辞苑）」の教育（教化）機関として「公民・館」であった歴史をもつ。しかし、常時、数千人の市民が運営にかかわる公民館は、明らかに市民の相互性を基礎に公を創出する「公・民館」である、と理解するのが素直であろう[12]。

　飯田市では合併論議が一つのきっかけになり、各地区に地域関連諸団体を横に統合した地域自治組織として「まちづくり委員会」（2007年）を組織した。その設置にあたり、地域自治との関連で公民館のあり方が一大争点となった。先の竜丘公民館の歴史をたどった本も、その争点を機にあらためて公民館の存在意義を確認することが動機になっている。この論争の過程で、一番厄介だったのが、四原則の④「機関独立」の問題であったと、著者の木下陸奥氏は述懐されている[13]。最終的に公民館は四原則を引き継ぐ教育委員会所管の施設として、まちづくり委員会の構成メンバーにくわわっている。この問題にこれ以上踏み込まないが、公民館であれまちづくり委員会であれ、明示的か黙示的かは別として、住民と行政の間での「自治のルール」が地域自治の質を決めることに変わりはない。

　飯田市は「公民館は、地域づくりのDNA」とはっきり明記している。つまり地域づくりの源泉となるストックという位置づけである。この言葉にこめられた公民館像は「公・民館」としてのそれであろう。すでに戦後60年余の歴史をもつ南信州地域で展開されてきた公民館運動は、明らかに南信州における自治の気風をつくる拠点づくりであったことは疑いない。その拠点としての公民館は、南信州の歴

史的・文化的文脈をふまえつつ、公民・館を公・民館に転換させる活動であったと理解したい。

第8節　南信州における飯田市の位置

　人口10万5000人（2010年国勢調査）の飯田市の目標は「小さな世界都市　飯田」である（第5次基本構想）。ここでいわれる小さな世界都市とは、おそらく「小さくとも一芸に秀でた」といったニュアンスでのそれではないだろう。牧野光朗・飯田市長が語る内容[14]からうかがえる「小さな世界都市」には、一定の戦略が埋め込まれているような印象をもつ。その戦略のキーワードを筆者なりに四つあげておく。
　一つは「多様性」である。10万5000人の小都市といえども、その内部に目をこらせばけっして均一ではなく、実に多様な顔をもつ。その多様性は自然資源だけでなく経済、文化、地域社会（コミュニティ）など多領域にわたる。飯田市を飯田市たらしめている＜多様性＞の認識が、まず「小さな世界都市」をイメージする際の入口になる。
　二つは、この多様性を最大限生かしつつ、どのような考え、方法で結合させ、人々をひきつける都市をつくるのか、その形成過程それ自体が21世紀の世界に通用するものでありたい、という意味での世界都市である。多様性は目に見えるものばかりではなく、隠された多様性もある。それらを発見し、つなぎ、一つのかたちにするには想像力、創造力が不可欠になる。こうした思考を牧野市長は＜デザイン思考＞と呼んでいる。デザイン思考による地域づくりである。これが二つ目のキーワードである。
　大事なことは、この2つのキーワードは、飯田市内部だけの視点

にとどめず、飯田市と外部をつなぐ媒介として戦略化されていることにある。この戦略的な計画・しくみは複合かつ重層的な構造で設計されており、それ自体も＜デザイン思考＞というべきである。この思考により、飯田市は国内的な枠をこえグローバルな視点でとらえ直される。グローバルとローカルの視点を交差させながら新しい飯田市の可能性をさぐる試みである。つまり＜グローカル＞な視点による「小さな世界都市　飯田へ」である。これが三つ目のキーワードである。最後に、この文脈のなかに本稿で検討してきた「ゆるやかな水平連携による連合自治」の発想が如何なく発揮されている。この＜連合自治＞も四つ目のキーワードとしてあげておきたい。

　＜連合自治＞を複合・重層的に構造化するための基幹的な政策・制度をあげてみる。まず基底は、①中山間地域振興計画（以下、中山間地域計画）/中心市街地活性化基本計画（以下、中心市街地計画）である。両計画とも発想は、第1章でいう「内発的」に「発展する」ことを価値規範におく開発プランである。その発想をふまえ、中心市街地の再生はすでに1980年代後半から議論がはじまり、計画の主体として地元出資のまちづくり会社が組織される。いっぽう中山間地域計画は上村、南信濃村の編入合併をうけてのものだが、固有資源を生かした経済-環境の地域循環がめざされる（2013年3月）。

　空洞化は中山間地域だけでなく中心市街地でもおこる。したがって両計画は、山・街の空洞化に歯止めをかけるための計画でもある。ポイントは、目的は共通でも両地域の課題、その解決方法はちがう、ということの見極めであろう。一般論ではなく、それぞれの地域固有の条件をふまえた「デザイン思考」が求められてくる。中山間地域の豊富な水利資源を活用した「マイクロ水力発電」計画もこうしたデザイン思考の例である。また、エネルギーの地産地消をめざした市民出資の会社（おひさま進歩エネルギー株式会社）もこのデザイン思考と深くつながっていよう[15]。

第 4 章　南信州・小規模自治体の自立構想と内発的発展

　内容の異なる両計画を基礎計画として組み込むことで、あたかも楕円のラグビーボールのように、複数の中心核がつくられ、双方が相互に引き合い、また補完しあうことで中心 - 周辺の固定化が回避され、飯田市域の中に奥行と多様性をもった空間が蓄積されていく。300 年の歴史をもつといわれる伊那谷の人形を生かし、世界規模の「人形劇のまち・飯田」にまで育てあげてきた市民の力量もこの文脈でとらえておきたい。だが、この構図は飯田市の内部だけでなく、阿智村と旧浪合村・清内路村との関係にもあてはめることができる。のみならず飯田市と下伊那郡町村との関係にも置き換えることができる。こうした動きが、②飯田市と下伊那郡町村で締結された定住自立圏協定につながっていく。

　同協定は、先述の③南信州広域連合による事務事業の共同化（ごみ処理、消防、介護認定など）にくわえ、医療福祉、公共交通、環境、産業、交流・移住の促進など、広範な政策連合として中心都市（飯田市）と周辺町村（下伊那郡 13 町村）ではじまっている。まだスタートしたばかりで評価は早すぎるが、こうした取り組みを重ねることで、南信州地域は中心核を複数もちつつ多様性を内蔵した地域構造を形成する手がかりを得ることになる。大鹿村、中川村が加盟する「日本で最も美しい村」連合[16] も、この文脈の中でとらえれば、その意義はよりたかまってこよう。

　さらに、この多核・多様の地域づくりは県境をこえて広がっている。④三遠南信地域連携がそれである。三遠南信とは、豊橋市を中心とする愛知県の東三河地域、浜松市を中心とする静岡県の遠州地域と南信州の県境をまたいだ地域である。この地域は天竜川による水運と「塩の道」の三州街道（飯田街道）、遠州街道（秋葉街道）、中馬街道等の陸運によって結ばれ、生活、文化、経済、信仰など多様な分野で、行政の境界をこえ、独自の生活文化圏を形成してきた。南信州のもう一つの DNA ともいうべき古層の民俗文化は、この天竜川水

系の三遠南信の山間地で息づいてきた。この県境をこえた地域連携の取り組みは、1990年代から活発に展開されてきている。飯田市をふくめた各基礎自治の内部、さらに南信州全域ついで県境をこえた三遠南信圏へと、こうした複合・重層的な政策・制度が相互に共振しあうことで、時間はかかるかもしれないが、着実に南信州全体の魅力が形成され、一度南信州を出た若者たちが帰ってくる条件も整えられていく。

　南信州の小規模自治体にとって飯田市が重要な位置を占めることに変わりはない。だが、飯田市はもちろんのこと、各町村がそれぞれ内と外に向かい、複合・重層の＜連合自治＞の発想で共振し合うことで、南信州地域全体の他にかえがたい独自の個性と、自立度をたかめる可能性もひろがってくる。かつて合併論議で大きく揺れていた2005年当時、南信州新聞が投げてかけた「中央依存からの脱却」は、以上みてきたような複合・重層的な＜連合自治＞の地道な努力を積み重ねの中で見えてくるのではないのか。これが今回の調査を契機に得た「中間報告」ということになる。

第4章　南信州・小規模自治体の自立構想と内発的発展

表 4-1　南信州市町村基礎データ（中川村含む）

年度	人口（人）	10年間推移	老年人口割合（%）	財政力指数	地方債残高（千円）	10年間推移	積立金残高（千円）	10年間推移	一般職員数（人）	10年間推移
2010	105,335	0.99	28.3	0.56	40,085,111	0.89	10,221,460	2.20	724	0.98
2000	106,456	-1%	23.1	0.58	45,225,707	-11%	4,635,922	220%	736	-2%

飯田市

年度	人口（人）	10年間推移	老年人口割合（%）	財政力指数	地方債残高（千円）	10年間推移	積立金残高（千円）	10年間推移	一般職員数（人）	10年間推移
2010	13,216	1.04	27.5	0.40	5,021,413	0.70	1,445,615	3.85	77	0.93
2000	12,736	4%	23.7	0.37	7,215,982	-30%	375,129	385%	83	-7%

高森町

年度	人口（人）	10年間推移	老年人口割合（%）	財政力指数	地方債残高（千円）	10年間推移	積立金残高（千円）	10年間推移	一般職員数（人）	10年間推移
2010	13,676	0.94	28.9	0.38	4,506,242	0.64	3,506,635	2.27	87	0.78
2000	14,491	-6%	23.7	0.35	7,041,384	-36%	1,547,267	127%	111	-22%

松川町

年度	人口（人）	10年間推移	老年人口割合（%）	財政力指数	地方債残高（千円）	10年間推移	積立金残高（千円）	10年間推移	一般職員数（人）	10年間推移
2010	6,819	0.93	30.4	0.29	3,523,838	1.17	2,148,603	1.93	55	0.79
2000	7,340	-7%	27.2	0.24	3,017,481	17%	1,115,417	93%	70	-21%

豊丘村

年度	人口（人）	10年間推移	老年人口割合（%）	財政力指数	地方債残高（千円）	10年間推移	積立金残高（千円）	10年間推移	一般職員数（人）	10年間推移
2010	6,692	0.92	31.0	0.26	2,715,016	0.72	3,001,356	1.64	51	0.85
2000	7,288	-8%	27.5	0.21	3,745,291	-28%	1,825,087	64%	60	-15%

喬木村

年度	人口（人）	10年間推移	老年人口割合（%）	財政力指数	地方債残高（千円）	10年間推移	積立金残高（千円）	10年間推移	一般職員数（人）	10年間推移
2010	1,160	0.78	51.4	0.17	1,737,164	0.51	1,978,078	1.12	30	0.68
2000	1,482	-22%	41.8	0.15	3,435,305	-49%	1,771,167	12%	44	-32%

大鹿村

年度	人口（人）	10年間推移	老年人口割合（％）	財政力指数	地方債残高（千円）	10年間推移	積立金残高（千円）	10年間推移	一般職員数（人）	10年間推移
2010	5,455	0.88	40.3	0.18	3,227,206	0.58	1,643,206	1.37	69	0.60
2000	6,232	-12%	36.1	0.18	5,525,916	-42%	1,203,551	37%	115	-40%

阿南町

年度	人口（人）	10年間推移	老年人口割合（％）	財政力指数	地方債残高（千円）	10年間推移	積立金残高（千円）	10年間推移	一般職員数（人）	10年間推移
2010	7,036	1.15	30.7	0.22	6,716,941	1.26	4,046,929	3.32	82	1.00
2000	6,100	15%	27.3	0.26	5,350,382	26%	1,217,806	232%	82	増減なし

阿智村

年度	人口（人）	10年間推移	老年人口割合（％）	財政力指数	地方債残高（千円）	10年間推移	積立金残高（千円）	10年間推移	一般職員数（人）	10年間推移
2010	563	0.86	38.5	0.15	1,311,748	0.43	687,164	0.81	12	0.63
2000	651	-14%	33.1	0.17	3,026,297	-57%	849,395	-19%	19	-37%

平谷村

年度	人口（人）	10年間推移	老年人口割合（％）	財政力指数	地方債残高（千円）	10年間推移	積立金残高（千円）	10年間推移	一般職員数（人）	10年間推移
2010	1,129	0.80	45.2	0.11	1,727,844	0.43	1,006,559	1.34	23	0.72
2000	1,410	-0.20	38.6	0.10	3,993,875	-57%	750,859	34%	32	-28%

根羽村

年度	人口（人）	10年間推移	老年人口割合（％）	財政力指数	地方債残高（千円）	10年間推移	積立金残高（千円）	10年間推移	一般職員数（人）	10年間推移
2010	4,200	1.03	29.0	0.22	1,396,576	0.34	4,448,501	2.16	34	0.74
2000	4,061	3%	27.3	0.20	4,094,329	-64%	2,060,210	116%	46	-26%

下條村

年度	人口（人）	10年間推移	老年人口割合（％）	財政力指数	地方債残高（千円）	10年間推移	積立金残高（千円）	10年間推移	一般職員数（人）	10年間推移
2010	656	0.89	46.0	0.11	1,040,064	0.66	672,292	1.28	14	0.74
2000	733	-11%	38.9	0.09	1,575,468	-34%	523,893	28%	19	-26%

売木村

年度	人口（人）	10年間推移	老年人口割合（％）	財政力指数	地方債残高（千円）	10年間推移	積立金残高（千円）	10年間推移	一般職員数（人）	10年間推移
2010	1,657	0.74	53.8	0.15	1,907,129	0.44	857,374	1.60	45	0.88
2000	2,232	-26%	43.6	0.18	4,347,303	-56%	535,555	60%	51	-12%

天龍村

第4章　南信州・小規模自治体の自立構想と内発的発展

年度	人口（人）	10年間推移	老年人口割合（%）	財政力指数	地方債残高（千円）	10年間推移	積立金残高（千円）	10年間推移	一般職員数（人）	10年間推移
2010	1,910	0.89	38.7	0.16	2,596,031	0.81	959,939	1.04	33	0.73
2000	2,150	-11%	35.0	0.13	3,210,949	-19%	924,011	4%	45	-27%

泰阜村

年度	人口（人）	10年間推移	老年人口割合（%）	財政力指数	地方債残高（千円）	10年間推移	積立金残高（千円）	10年間推移	一般職員数（人）	10年間推移
2010	5,074	0.91	29.7	0.23	3,543,766	0.68	1,156,028	1.26	70	0.81
2000	5,584	-9%	25.4	0.21	5,207,146	-32%	918,058	26%	86	-19%

中川村

（『報告書　長野県における「平成の合併」』）

表4-2　普通交付税の推移
（南信州五市町村）　　　　　　　　・単位：千円

	飯田市	高森町	大鹿村	阿智村	中川村
2005年度	9,623,548	1,741,674	901,381	2,218,771	1,607,288
	1,257,400	203,400	90,000	200,000	139,300
2006年度	9,634,786	1,695,848	922,518	2,189,539	1,559,708
	1,108,500	188,400	80,000	182,000	125,000
2007年度	8,777,936	1,675,185	916,395	2,128,645	1,622,178
	989,800	170,000	70,000	165,200	113,470
2008年度	9,261,519	1,759,476	973,136	2,808,574	1,630,057
	927,100	160,100	60,000	188,600	106,279
2009年度	9,694,756	1,898,221	1,008,955	2,839,710	1,592,250
	1,427,400	248,400	100,000	292,000	164,951
2010年度	10,836,659	2,039,430	1,080,098	2,936,490	1,663,275
	2,432,000	350,000	-	-	-
2011年度	10,485,278	2,099,322	1,029,660	2,931,809	1,707,256
	1,985,000	260,000	-	-	-

・各年度の下段は臨時財政対策債
・臨時財政対策債は、地方債の一種で、地方交付税として交付すべき財源が不足した場合に、地方交付税の交付額を減らして、その穴埋めとして、該当地方公共団体自らに地方債を発行させる制度。形式的には、その地方公共団体が地方債を発行する形式を取るが、償還に要する費用は後年度の地方交付税で措置される。

（各年度決算カード）

注

1　南信州の「経済の自立度」の関しては、他に、吉川芳夫・しんきん南信州地域研究所主席研究員「なぜ地域経済の自立が必要か」(南信州新聞、2013年1月1日、同2月11日、同2月17日付)から引いた。南信州の基幹産業は製造業だが、吉川氏は、経済の自立は外発的な製造業依存だけではなく、農業、観光さらに生活関連業、医療福祉まで含め、南信州地域全体の内発的な総合力によって達成すべきと強調している。
2　神原勝『小規模自治体の生きる道―連合自治の構築をめざして』(福島大学ブックレット、公人の友社、2012年3月、p14～15)。
3　北海道の＜連合自治＞の動きについては『連合自治の可能性を求めて―2005年サマーセミナー in 奈井江町』(公人の友社、2006年3月)にくわしい。なお、神原氏は、『前掲書』で、北海道における＜連合自治＞の具体的事例として2つを紹介している。一つは奈井江町における地域医療に関する3つの重層的連携―町立病院と民間診療所の「病診連携」。医療と福祉を包括する奈井江町型地域包括ケア・システムによる「医福連携」。隣接の砂川市立病院との「病病連携」である。二つは、人口4000人の下川町の「森づくり哲学」を基礎とした、「環境」による市町村連携の構想である。
4　報告書「長野県における『平成の合併』―合併・非合併の記録と検証」(長野県地方自治研究センター、2012.9　p13)。なお、長野県における広域連合の実態に関しては、『平成大合併と広域連合―長野県広域行政の実証分析』(小原隆治・長野県地方自治研究センター編、公人社、2007年4月)、堀内匠「長野県における市町村広域連合のその後―『平成の合併』による変化を中心に」(自治総研通巻400号2012年2月号)を参照。
5　「長野県市町村『自律』支援プラン」は、泰阜村、坂城町、小布施町、栄村の4町村と長野県で組織された「長野県市町村『自律』研究チームの報告書をもとに長野県が策定(2003年9月)。同プランおよび「新たな自治体運営『南信州モデル』に関しては、前掲『平成大合併と広域連合』を参照。
6　岡庭一雄・岡田知宏編著『協働がひらく村の未来―観光と有機農業の

里・阿智』(自治体研究社、2007年2月)。
7 　地域経済循環に関しては、同書の共著者である岡田知宏『地域づくりの経済学入門－地域内再投資力論』(2005年8月、自治体研究社)を参照。
8 　大都市における市民の発意・提案に対する行政の支援の可能性・課題に関しては、さしあたり横浜市の事例をもとに論じた名和田是彦「協働型社会構造とその制度装置」(名和田是彦編著『社会国家・中間団体・市民権』、法政大学出版局、2007年3月、所収)を参照。
9 　木下陸奥『地域と公民館－自治への憧憬』(南信州新聞出版局、2012年3月)。同氏は長野県下の小・中学校長等をへて竜岡公民館館長を14年務める。本書は、同公民館広報委員会が発行した300号(1948年3月～(2012年3月)の「館報」をもとに出版。
10 　戦後公民館設の歴史・原イメージについては、松下圭一『社会教育の終焉(新版)』(公人の友社、2003年6月)を参照。
11 　木下巨一「市民参加のDNAを継承する学びの場―飯田型公民館制度」(「地域開発」2013.5「特集・地域づくりのメッカを目指す南信州・飯田の試み」、日本地域開発センター、12～16p、所収)を参照。
12 　松下圭一『成熟と洗練』(公人の友社、2012年8月、206～209p)参照。松下圭一の社会教育行政批判の根幹は、「市民」という成人の主権者を、市民が税金でつくっている「行政」が教育する、という官僚統治にある。
13 　木下陸奥『前掲』、終章を参照。
14 　インタビュー「『ニッポンの日本』をデザインする南信州・飯田の戦略的地域づくり」(前掲「地域開発」2～11p)参照。同誌特集で、飯田市の主要戦略的政策が紹介されている。本稿で十分紹介しきれなかったが、「人形劇フェスティバル」「地域医療と定住自立圏」「知のネットワーク『学輪(がくりん)ⅠⅠDA』」など、先駆的政策が収録されている。
15 　市民出資による太陽光発電は南信州エリアに250箇所設置され、一般家庭400軒分が賄える発電能力をもつという。おひさま進歩エネルギー(株)『みんなの力で自然エネルギーを』(2012年6月、南信州新聞社出版局)参照。
16 　「日本で最も美しい村連合」は、「フランスの最も美しい村」運動を範にとり、日本の農山漁村の景観・文化を守りつつ、最も美しい村とし

ての自立をめざす運動。2005 年 10 月に設立。47 町村 7 地域（2013 年 10 月現在）が参加。

参考文献

飯田市美術博物館（2012）『図録・民俗の宝庫＜三遠南信＞の発見と発信—柳田國男・折口信夫らによる調査研究のあゆみ』。
岡庭一雄・岡田知弘（2007）『協働がひらく村の未来—観光と有機農業の里・阿智』自治体研究社。
岡田知弘（2005）『地域づくりの経済学入門—地域内再投資力論』自治体研究社。
おさひめ書房編集部（2011）『美しい村　大鹿村・中川村』おさひめ書房。
小原隆治・長野県地方自治研究センター編『平成大合併と広域連合—長野県広域行政の実証分析』公人社。
おひさま進歩エネルギー株式会社（2012）『みんなの力で自然エネルギーを—市民出資による「おひさま」革命』南信州新聞社出版局。
神原勝（2012）『小規模自治体の生きる道—連合自治の構築をめざして』公人の友社。
神原勝（2006）『連合自治の可能性を求めて—2005 年サマーセミナー in 奈井江町』公人の友社。
木下睦奥（2012）『地域と図書館—自治への憧憬』南信州新聞社出版局。
島田修一（2013）社会教育の再定位をめざして』国土社。
島田修一・辻浩編（2008）『自治体の自立と社会教育—住民と職員の学びが拓くもの』ミネルヴァ書房。
武田太郎（1978）『谷の思想』角川書店。
長野県地方自治研究センター（2012）『長野県における「平成の合併」—合併・非合併の記録と検証—報告書』。
日本地域開発センター（2013）『地域開発』548 号、2013.5。
堀内匠（2012）「長野県における市町村広域連合のその後」『自治総研』通巻 400 号。
松下圭一（2003）『社会教育の終焉（新版）』公人の友社。
松下圭一（2012）『成熟と洗練—日本再構築ノート』公人の友社。

第5章　東アジア中山間地域の内発的発展
　　　　　　　　　　　―展望―

第1節　日本、韓国、台湾の現場から

　ここまで、韓国の鎮安郡と完州郡、台湾の社頂社区、達娜伊谷自然生態公園、桃米村、そして日本の南信州地域の事例研究を展開してきた。各章で著者によって描き出された、それぞれの地域の特徴と内発的発展をめざす取組みのモチーフは、第1章で示された分析フレームに収まらない論点を浮かび上がらせるものであった。

　第2章では、韓国で「内発的発展」が中山間地域での政策課題となる背景には、韓国政治を支配してきた地域主義の下での地域間競争という文脈が存在することが示されている。台湾の社区営造のような主体形成の取組みを欠いた「上からの」地域発展政策の中で、鎮安郡や完州郡のような取組みが、全体から見ればきわめて少数ではあるが、生まれていることに注目する。

　第3章では、台湾において近代化が進む中で失われた、人間と自然との直接的なかかわりを回復する方法の1つとして、エコツアーに取り組む3つの地域の事例が紹介される。地理条件や歴史、制度の違い等により、3つの地域では異なるタイプの活動展開が見られている。

　第4章では、南信州地域を例にとり、いわゆる条件不利地域における小規模自治体の生存戦略を探る。合併を選択せず、小さくとも「わが自治体わが地域」として存続していくために、自治体間の水平連携を通し、基礎自治の新しいかたちを模索しながら、地域経済循環の形成といった取り組みにつなげようとしている。

　各地域での取組み事例の粗描にとどまるが、日本、韓国、台湾の中山間地域で、特に小規模な自治体やコミュニティが独自に内発的

発展を指向する取組みが存在することが確認できた。各事例から、どのような東アジアの中山間地域における内発的発展像が浮かび上がるだろうか。本書の中間報告という性格から、あくまで思考実験の域を出ないが、第1章で提示した3つの着眼点に即して考えてみたい。

第2節　3つの着眼点

1　地域経済循環の再構築

　いずれの事例も、いわゆるキャッチアップ型、外来型開発に頼らず、地域にある資源のストックから、外部の力をうまく活用してフロー化を試みている。鎮安郡や完州郡のローカルフード事業は、地産地消を推進し、さらに移出を増やす産業育成として取り組まれている。域内でのNPOへの投資も起きているなど、地域経済循環を明確に意識した取組みである。台湾の桃米村ではエコツアー収入を中間支援組織である基金会がストックし、ツアーガイドの人材育成に使うなど、循環的な利用が生まれている。外部の資源（補助金、専門家）をうまく地域社会の資源（専門的人材、基金）へと変換しているものと見ることができる。

　第1章で述べた地域経済循環を成立させる3つの均衡、すなわち移入＝移出、貯蓄＝投資、歳出＝税収の均衡が実現できているかどうかを検証するには、具体的な経済データをもとに分析する必要があり、今回の調査では十分にフォローできていない。各地でその萌芽的取組みが始まっていることは明らかだが、地域経済循環をつくるということは、一朝一夕にできることではなく、まだ発展途上に

あると言ってよい。資金確保から商品開発や販売ルート開拓、人材の確保など、現場での手探りの苦労を聞くとなおさら、容易なことではないと感じられた。

多くの場合、中山間地域で決定的に不足するのは、経営や商品開発の専門的知識を持った人材である。小規模だが地域の様々なストックの豊かさを享受できる事業の企画・運営に携わる、経営的感覚やデザイン能力を持った人材が増えていけば、萌芽的取組みの域外市場に対するアピールが高まり、また新しい取組みも生まれやすくなる。そうだとすれば、これまで都市を舞台に豊かさを追求してきた人材は、じつは中山間地域でも新たな役割を期待されているとは考えられないだろうか。芸術文化の創造性が人々の潜在力を引き出す「創造的都市（Creative City）」（チャールズ・ランドリー）という考え方があるが、創造性は都市だけのものではないはずだ。鎮安郡のIターン者による活動や、完州郡地域経済循環センターで集落に入り込んで6次産業化を支援する若手職員の活動が、中山間地域の潜在力を引き出す役割を担うことが期待される。

2　自治を支えるしくみ

自律的な地域運営を支えるしくみの一つに、自治体財政がある。多くの中山間地域では、自前の税収だけですべての公共サービスをまかなうことは現実的ではない。現状の経済社会を前提とすれば、中山間地域が経済的に条件不利であることからは逃れがたいのだから、自律的な地域運営をめざすことが、補助金つまり中央からの財政移転をすぐさま否定することにはならない。問題なのは、補助金によって中央政府や一部の政治家が、地域社会の意思決定を支配してしまうことである。

日本で2000年代に行われた地方分権改革でも、国が使途を指定

する国庫補助金の縮減、中央から地方への税源、地方交付税の見直しが「三位一体の改革」として取り組まれた。しかし、東日本大震災復興に対する補助金の使われ方などを見ると、中央政府が設定した枠組みに依った補助金事業はいぜんとして各省縦割の壁が厚く、真の意味で地方分権は実現されたと言えるのだろうかという疑念を拭えない。第2章で見たように、韓国でも使途を細かく指定しない包括的補助金の導入が進んでいるというが、政治文化とも言うべき地域主義は容易に克服できないようである。

　とはいえ、第1章で小田切徳美の指摘にふれたように、中山間地域直接支払制度のような再分配制度は、中山間地域を支える様々なしくみとあわせて機能するならば、内発的発展の原資として活用される可能性がある。様々なしくみの中には、鎮安郡の村づくり支援センターや完州郡の地域経済循環センター、台湾の基金会のような中間支援組織や、専門的知識をもった契約職公務員や研究者等が、地域に入り込んで住民が主体となる活動を生み出す助産師役となることも含まれよう。

3　共同性の再構築

　人々の間の共同性は、第1章で述べたように、家族・親族、集落、職業集団や、移住者、来訪者との交流など、複線的に存在しうる。一般的に言って近代化は、本来そのように複線的に存在する人々の共同性を大きく変容させ、画一化する。農作業が機械化されることで集落ごとの共同作業が減り、「百姓」と呼ばれたように複数の職能を持った人々が「農業者」という単一の職業人に押し込められた。農林産物すら単品種化し、量的な生産性を追求して農薬や化学肥料を多用した結果、農山村の生物多様性、つまり生き物同士の共同性もまた、大きく損なわれてきたのである。

中山間地域には、よく見れば古くから続く人々の多様な生きざまの痕跡や、そこから生まれる伝統文化が重層的に残存していることがある。南信州の村で若者たちの手で演じ継がれる農村歌舞伎や、台湾の原住民がもつ伝統的知識に象徴されるような地域の歴史や文化をもう一度評価して、自分たちが継承してきた文化的なストックの存在を確認することは、人々の共同性を取り戻す一つのきっかけになるはずである。時計の針を戻すことはできず、近代化を否定することも現実的ではない。だが同時に、持続可能性を考えるなら、現在は過去とも未来とも断絶してはならないのである。

　第1章では、世代間継承という視角から、現代では広域化した家族・親族集団である家（イエ）の継承を主軸とし、農山村に戻ってくる可能性のある家の継承者に焦点を当てるべきだという山下祐介の議論を紹介した。誰が、何を、なぜ継承するのか、という問いをもう一度考えてみよう。従来の日本では典型的には、家の長男が、家の田畑を、家の継承者であるからという理由で継承してきた。家族・親族集団を主軸にしながらも、地域に存在する複線的な共同性とそこから生まれる地域文化の重層性を豊かにするという方向性ではないだろうか。

　今回の事例調査から浮かび上がったことは、内発的発展をめざす中山間地域が自ら形成してきた、まさに重層的、複線的な関係性である。南信州では、自治体間で政策課題ごとに連携協力関係をつくり、住民の自治力を引き出しながら、新しい自治のかたち（連合自治）を実現しようとしている。鎮安郡の村づくり支援センターは、集落や住民グループを郡内でネットワークする場であり、そこには付設研究所が設置されており、域外や海外の取組み事例や学術研究の情報がつねに流れてくる。台湾の埔里鎮で形成されようとしている「蝶の王国」は、蝶をアイコンとして村落同士がつながり、自らの生活や生業を再構築しようというゆるやかなネットワークだ。こうした

第5章　東アジア中山間地域の内発的発展―展望―

ネットワークから生まれてくる新しい生業や生活のアイディアが、個人や家族の生き方に影響を与えることを期待するのは言うまでもない。また、こうした共同性は自然にできあがるものではなく、一定のビジョンと戦略のもとで形成されてきたことは、各章で述べられたとおりである。

　回復すべきは、かつての村落共同体ではなく、人々が持つ関係の重層性、複線性なのだと考えてはどうだろうか。例えば現代の空間的単位で考えるならば、家族、近隣、学校区、生活圏、行政区画、流域…と、入れ子状の空間的単位が重なり、それぞれに何らかの社会集団が伴っていて、どこかだけに閉じて人が生きることはできない。それぞれの単位で形成された共同性が重なりあい補いあうことで社会の基盤を形成し、人々の生活は支えてられてきたのではないか。そうであれば、重層的、複線的な共同性をまるごと継承し、それを固定化することなく時代状況に合わせて柔軟に組み直し、時代に適合したかたちで発展させていくことが、地域社会を包括的に継承することにつながると期待できる。したがって、各地域で形成されているネットワーク的関係は、多様性を許容し、新しい発想や実験的取組みを生みだしつづけることが期待される。その中でめざすべき地域社会像が更新されていくような、学習を内包する関係性である。

　次節では最後に、日本、韓国、台湾の現場からの報告をふまえて、東アジア中山間地域の内発的発展を展望するうえで、3つの着眼点では捉えきれない論点について列挙して今後の検討課題とし、中間報告としての本書を閉じることにしたい。

第3節　内発的発展―近代化を問い直した先にあるもの

1　自然とのかかわりの再構築

　今回の調査対象事例の中で自然資源をうまく活用していたのは台湾の事例である。台湾では生態解説によるエコツアーは一種のブームと言ってもよいほどに、取り組み事例が豊富であった。日本でも昨今ではエコツアーはツーリズムの一形態として認知されている。鎮安郡や完州郡のローカルフード事業は、基本的に農薬や化学肥料を使わない農業を前提として、地産地消や多品種少量生産を進めており、第4章で紹介される阿智村のように、日本でも有機農業や地産地消は多くの農山村で取り組まれている。

　これらの自然環境保全に親和的な活動を可能にしているのは、1つにはやはり時代の変化であろう。自然について知識を得て、自然の中でひとときを過ごすことや、農薬や化学肥料を使わずつくった農産物に、対価を支払うという価値観がなければ、こうした取組みは成り立たない。都市化・工業化で自然が開発され、収奪され汚染されてきたが、公害や環境破壊を経験して自然の価値に改めて気づくことは少なくない。日本、韓国、台湾のいずれも、高い経済成長率の陰で深刻な公害を経験しており、一般的には教育レベルも高いため、都市化・工業化の行き過ぎを感じた人々が自然環境の価値を再認識した段階にあると言ってよいだろう。自然との新たなかかわり方が、経済や行財政と深く結びついた時に、近代化の成果と課題をふまえた新しい社会像が見えてくるようにも思う。

また、台湾で住民ガイド（生態解説員）によるエコツアーという型が特に普及しているのは、第3章でもふれられているように、台湾における自然と人間の関係性が背景にある。植民地時代に原生林の大規模伐採が行われたため、政府は基本的に森林保護につとめてきたが、一つの手法が国家公園（国立公園）制度によるゾーニング規制である。墾丁国家公園管理局所長へのヒアリングによれば、台湾の国家公園制度は、当初は規制ゾーンから人間のかかわりを排除するアメリカ流の保護方式で、国家公園エリアに居住する原住民族をしめ出すことになったのである。しかし、狭い国土で生活の場を奪われた原住民族や地域住民の中には、蝶や昆虫の密猟に加担する者もあったという。日本と同様に台湾でも、中山間地域では人間と自然との距離が近いままであり続けたため、人間を排除することは難しかったという。現在ではエコツアーに際して生態解説員が生物モニタリングもあわせて行うなどして、一定の管理を伴った人間の利用を認める方式になっている。

　日本、韓国、台湾はいずれも国土が狭く、人間は自然生態系と密接なかかわりをもって暮らしてきた。過剰な利用つまり収奪ではなく、過剰な保護でもなく、持続的な利用のあり方を探ることは、中山間地域の内発的発展に向けた基本的課題である。そのアプローチの1つとして、地域の伝統的生活文化の中に自然との持続的なかかわり方の知恵を見出し、文化的資源として生活・生業に活かしていくという方法がある。台湾の原住民族の社区で取り組まれているエコツアーの中で、彼らが継承してきた自然についての伝統的知識や生活文化にも触れながらガイドを行っている様子を見た。自然利用にかかわる伝統的知識の掘り起こしには、自然とのかかわりの再構築の手がかりとしてだけでなく、地域の文化的アイデンティティの源泉としても意味があるように思われた。

　東アジア中山間地域において、自然生態系というストックは、そ

れ単体で管理するよりも、文化的ストックや人材のストックとあわせて持続的な利用を考える方が、内発的発展に近づく道であるのかもしれない。

2　小さな革新から大きな転換へ

　本書で取り上げた地域は、いずれも小規模な自治体や小さな村々である。小さな村でありながら、というよりも、小さな村だからこそ、キャッチアップ型近代化の流れとは異なる方向性、すなわち革新性を持った取組みが可能であっただろう。どの地域の活動も、偶然の産物ではなく、時代の流れを読み取り、信念を持って戦略を描いてつくりあげてきたモデルなのである。特に、鎮安郡は韓国の村づくりの、桃米村は台湾の地域主体型エコツアーのトップランナーとされており、多くの視察・研修者が訪問するなど注目を集めている。中山間地域における地域「発展」のモデルとなったこれらの取組みは、どのようにつくりあげられてきたのだろうか。本書でその全容を論じることはできなかったが、モデルを巧みにつくりあげてきたリーダーたちは、新しい時代の社会運動家と言ってもよい。

　鎮安郡の取組みは、「住民が主導するボトムアップ式村づくり」という大原則を貫き、短期で外形的な成果をあげることよりも、住民の学習や相互の合意を重視している。村づくり支援センターの設立に奔走した契約職公務員（当時）は、住民が村づくりの主体となっていけるように、各種の事業・活動を段階的に設定し、村づくりそのものが一種の学習プロセスとなることに心を砕いてきた。そうした仕組みも、集落の幹事らとの協議の中で出来上がってきたものである。

　桃米村で1999年の9.21大震災の復興から関わる新故郷基金会事務局長へのヒアリングで、彼は国からの補助金を受けるうえで、「質

の高い計画」を自ら提案していくのだと語った。質が高いというのは、現場をとりまく時代性を読みとき、的確にそれを表現する理念と、理念を実現するための戦略を、現場の実績にもとづいて投げかけて行くということだろう。当然そのためには、外部の様々な知的資源を活用する必要がある。

　彼らが、いずれも青年期に民主化を経験し、地域での活動を民主化運動との連続性の中に位置づけていたことは、興味深い。内発的発展は、一人ひとりの住民が共同体にかかわる主体となっていくという意味において、民主主義の実体化プロセスであると言えるのかもしれない。

　一つとして同じ村がないように、内発的発展の道にも同じものはない。ここで中山間地域の内発的発展の道を一義的に示すことなどできないが、小さな村での革新は、それじたいが自ら学習と変化を続けるという意味での「発展」となるのだろう。そうした小さな革新が各所で同時的に現れつつある中で、各地の取組みの相互評価を重ね、各々が内発的発展の道を見いだして行けばよいし、そうするより他はないのである。小さな革新を着実に集積することが、中央政府などのより大きな制度・しくみや、社会全体の流れを変える力を生み出すのではないだろうか。

【執筆者略歴】

清水 万由子（しみず・まゆこ）
龍谷大学政策学部准教授。
京都大学大学院地球環境学舎博士課程修了、博士（地球環境学）。
[主要著書]藤江徹・谷内久美子・清水万由子（2013）「公害地域から持続可能なまちづくりへ―西淀川・あおぞら財団の取り組み―」阿部大輔・的場信敬編『地域空間の包容力と社会的持続性』日本経済評論社，178-201ページ。
第1章、第5章執筆。

尹　誠國（ゆん・そんくっく）
大阪地方自治研究センター研究員・同志社大学嘱託講師
1968年韓国生まれ。東京都立大学大学院、京都大学大学院に留学。
[主要著書]尹誠國（2012）『韓国における地方分権改革の分析―弱い大統領と地域主義の政治経済学』公人の友社。
第2章執筆。

谷垣 岳人（たにがき・たけと）
龍谷大学政策学部講師。
京都大学大学院理学研究科博士課程単位取得退学。
[主要著書]谷垣岳人（2012）「陝西省における生物多様性保全と自然保護区」北川秀樹編『中国の環境法政策とガバナンス～執行の現状と課題～』晃洋書房、224-238ページ。
第3章執筆。

大矢野 修（おおやの・おさむ）
龍谷大学政策学部教授。月刊『地方自治通信』編集主幹、川崎市役所、龍谷大学法学部教授を経て、現職。
[主要著書]大矢野修・大阪の自治を考える研究会/編著（2013）『いま、なぜ大阪市の消滅なのか―「大都市地域特別区法」の成立と今後の課題』、公人の友社。
大矢野修・大阪の自治を考える研究会/編著（2014）『大阪市廃止・特別区設置の制度設計案を批判する―いま、なぜ大阪市の消滅なのか PART Ⅱ』公人の友社。
第4章執筆。

「地域ガバナンスシステム・シリーズ」発行にあたって

日本は明治維新以来百余年にわたり、西欧文明の導入による近代化を目指して国家形成を進めてきました。しかし今日、近代化の協力な推進装置であった中央集権体制と官僚機構はその歴史的使命を終え、日本は新たな歴史の段階に入りつつあります。

時あたかも、国と地方自治体との間の補完性を明確にし、地域社会の自己決定と自律を基礎とする地方分権一括法が世紀の変わり目の二〇〇〇年に施行されて、中央集権と官主導に代わって分権と官民協働が日本社会の基本構造になるべきことが明示されました。日本は今、新たな国家像に基づく社会の根本的な構造改革を進める時代に入ったのです。

しかしながら、百余年にわたって強力なシステムとして存在してきたガバメント（政府）に依存した社会運営を、主権者である市民と政府と企業との協働を基礎とするガバナンス（協治）による社会運営に転換させることは容易に達成できることではありません。特に国の一元的支配と行政主導の地域づくりによって二重に官依存を深めてきた地域社会においては、各部門の閉鎖性を解きほぐし協働型の地域社会システムを主体的に創造し支える地域公共人材の育成や地域社会に根ざした政策形成のための、新たなシステムの構築が決定的に遅れていることに私たちは深い危惧を抱いています。

本ブックレット・シリーズは、ガバナンス（協治）を基本とする参加・分権型地域社会の創出に寄与し得る制度を理念ならびに実践の両面から探求し確立するために、地域社会に関心を持つ幅広い読者に向けて、様々な関連情報を発信する場を提供することを目的として刊行するものです。

二〇〇五年三月

龍谷大学　地域人材・公共政策開発システム
オープン・リサーチ・センターセンター長

富野　暉一郎

125

地域ガバナンスシステム・シリーズ　No.17

東アジア中山間地域の内発的発展
―日本・韓国・台湾の現場から―

2014年4月25日　初版発行　　定価（本体1,200円＋税）

企　　画	龍谷大学地域公共人材・政策開発リサーチセンター
著　　者	清水万由子・尹誠國・谷垣岳人・大矢野修
発 行 人	武内英晴
発 行 所	公人の友社

　　　　　〒112-0002　東京都文京区小石川5-26-8
　　　　　TEL 03-3811-5701　FAX 03-3811-5795
　　　　　e-mail: info@koujinnotomo.com
　　　　　http://koujinnotomo.com/

印 刷 所　倉敷印刷株式会社

ISBN978-4-87555-642-8

[都市政策フォーラムブックレット]

No.1 「新しい公共」と新たな支え合いの創造へ
渡辺幸子・首都大学東京 教養学部都市政策コース 900円

No.2 景観形成とまちづくり
首都大学東京 都市教養学部都市政策コース（品切れ）

No.3 都市の活性化とまちづくり
首都大学東京 都市教養学部都市政策コース 1,100円

[京都府立大学京都政策研究センターブックレット]

No.1 地域貢献としての「大学発シンクタンク（KPI）」の挑戦
編著 青山公三・小沢修司・杉岡秀紀・藤沢実 1,000円

No.2 もうひとつの「自治体行革」
〜住民満足度向上へつなげる
編著 青山公三・小沢修司・杉岡秀紀・藤沢実 1,000円

[朝日カルチャーセンター地方自治講座ブックレット]

住民監査請求制度の危機と課題
田中孝男 1,500円

自治体財政破綻の危機・管理
加藤良重 1,400円

自治体連携と受援力
〜もう国に依存できない
神谷秀之・桜井誠一 1,600円

2000年分権改革と自治体危機
松下圭一 1,500円

[自治体〈危機〉叢書]

No.1 自治立法の基礎
東京都市町村職員研修所 600円（品切れ）

No.2 政策法務の基礎
東京都市町村職員研修所 952円

[政策・法務基礎シリーズ]

No.1 自治体経営と政策評価
山本清 1,000円

No.2 ガバメント・ガバナンスと行政評価
星野芳昭 1,000円（品切れ）

No.3 「政策法務」は地方自治の柱づくり
辻山幸宣 1,000円

No.4 政策法務がゆく
北村喜宣 1,000円

[単行本]

政策転換への新シナリオ
小口進一 1,500円

フィンランドを世界一に導いた100の社会改革
編著 イルカ・タイパレ
訳 山田眞知子 2,800円

公共経営学入門
編著 ボーベル・ラフラー
訳 みえガバナンス研究会
監修 稲澤克祐、紀平美智子 2,500円

変えよう地方議会
〜3・11後の自治に向けて
編著 河北新報社編集局 2,000円

自治体職員研修の法構造
田中孝男 2,800円

自治基本条例は活きているか?!
〜ニセコ町まちづくり基本条例の10年
編 木佐茂男・片山健也・名塚昭 2,000円

国立景観訴訟
〜自治が裁かれる
編著 五十嵐敬喜・上原公子 2,800円

政府財政支援と被災自治体財政
〜日本再構築ノート
松下圭一 1,600円

地方自治制度「再編論議」の深層
監修 青山彰久・国分高史 1,500円

成熟と洗練
〜日本再構築ノート
松下圭一 2,500円

韓国における地方分権改革の分析
〜弱い大統領と地域主義の政治経済学
尹誠國 1,400円

自治体国際政策論
〜自治体国際事務の理論と実践
楠本利夫 1,400円

自治体職員の「専門性」概念
〜可視化による能力開発への展開
林奈生子 3,500円

アニメの像VS.アートプロジェクトにおける「成果要因」
〜まちとアートの関係史
竹田直樹 1,600円

NPOと行政の《恊働》活動における「成果要因」
〜成果へのプロセスをいかにマネジメントするか
矢代隆嗣 3,500円

[TAJIMI CITY ブックレット]

No.115 地方分権改革の道筋　西尾勝　1,200円

No.116 転換期における日本社会の可能性〜維持可能な内発的発展　宮本憲一　1,100円

No.2 転型期の自治体計画づくり　松下圭一　1,000円

No.3 これからの行政活動と財政　西尾勝　1,000円（品切れ）

No.4 構造改革時代の手続的公正と第二次分権改革　鈴木庸夫　1,000円

No.5 自治基本条例はなぜ必要か　辻山幸宣　1,000円

No.6 自治のかたち、法務のすがた　天野巡一　1,100円

No.7 自治体再構築における行政組織と職員の将来像　今井照　1,100円（品切れ）

No.8 持続可能な地域社会のデザイン　植田和弘　1,000円

No.9 「政策財務」の考え方　加藤良重　1,000円

[北海道自治研ブックレット]

No.10 市場化テストをいかに導入するべきか　竹下譲　1,000円

No.11 市場と向き合う自治体　小西砂千夫・稲澤克祐　1,000円

No.2 議会基本条例の展開 その後の栗山町議会を検証する　橋場利勝・中尾修・神原勝　1,200円

No.1 市民・自治体・政治 再論・人間型としての市民　松下圭一　1,200円

[生存科学シリーズ]

No.2 再生可能エネルギーで地域がかがやく　秋澤淳・長坂研・小林久　1,100円

No.3 福島町の議会改革 議会基本条例＝開かれた議会づくりの集大成　溝部幸基・石堂一志・中尾修・神原勝　1,200円

No.1 小水力発電を地域の力で　小林久・戸川裕昭・堀尾正靱　1,200円＊

No.4 地域の生存と社会的企業　柏雅之・白石克孝・重藤さわ子　1,200円

No.5 地域の生存と農業知財　澁澤栄・福井隆・正林真之　1,000円

No.6 風の人・土の人　千賀裕太郎・白石克孝・柏雅之・福井隆・飯島博・曽根原久司　1,400円

No.7 地域からエネルギーを引き出せ！ PEGASUSハンドブック（環境エネルギー設計ツール）監修：堀尾正靱・白石克孝、著：重藤さわ子・定松功・土山希美枝　1,400円

No.8 地域分散エネルギーと「地域主体」の形成 風・水・光エネルギー時代の主役を作る 編：小林久・堀尾正靱、著：独立行政法人科学技術振興機構 社会技術研究開発センター「地域に根ざした脱温暖化・環境共生社会」研究開発領域 地域分散電源等導入タスクフォース　1,400円

No.9 省エネルギーを話し合う実践プラン46 エネルギーを使う・創る・選ぶ 編著者：中村洋・安達昇 編著者：独立行政法人科学技術振興機構 社会技術研究開発センター「地域に根ざした脱温暖化・環境共生社会」研究開発領域　1,500円

No.10 お買い物で社会を変える！編著者：永田潤子 監修：独立行政法人科学技術振興機構 社会技術研究開発センター「地域に根ざした脱温暖化・環境共生社会」研究開発領域　800円

No.11 地域が元気になる脱温暖化社会を 「高炭素金縛り」を解く〈共・進化〉の社会技術開発 監修：堀尾正靱・重藤さわ子 編著者：独立行政法人科学技術振興機構 社会技術研究開発センター「地域に根ざした脱温暖化・環境共生社会」研究開発領域　800円

No.62	機能重視型政策の分析過程と財務情報	宮脇淳	800円
No.63	自治体の広域連携	佐藤克廣	900円
No.64	分権時代における地域経営	見野全	700円
No.65	町村合併は住民自治の区域の変更である		
No.66	自治体学のすすめ	森啓	800円
No.67	市民・行政・議会のパートナーシップを目指して	田村明	900円
No.69	新地方自治法と自治体の自立	松山哲男	700円
No.70	分権型社会の地方財政	井川博	900円
No.71	自然と共生した町づくり 宮崎県・綾町	神野直彦	1,000円
No.72	情報共有と自治体改革	森山喜代香	700円
		片山健也	1,000円
No.73	地域民主主義の活性化と自治体改革		
No.74	分権は市民への権限委譲	山口二郎	900円
No.75	今、なぜ合併か	上原公子	1,000円
No.76	市町村合併をめぐる状況分析	瀬戸亀男	800円
No.78	ポスト公共事業社会と自治体政策	小西砂千夫	800円
No.80	自治体人事政策の改革	五十嵐敬喜	800円
No.82	地域通貨と地域自治	森啓	800円
		西部忠	900円（品切れ）
No.83	北海道経済の戦略と戦術	宮脇淳	800円
No.84	地域おこしを考える視点	矢作弘	700円
No.87	北海道行政基本条例論	神原勝	1,100円
No.90	「協働」の思想と体制	森啓	800円*
No.91	協働のまちづくり 三鷹市の様々な取組みから	秋元政三	700円*
No.92	シビル・ミニマム再考	松下圭一	900円
No.93	市町村合併の財政論	高木健二	800円*
No.95	市町村行政改革の方向性	佐藤克廣	800円
No.96	創造都市と日本社会の再生	佐々木雅幸	900円
No.97	地方政治の活性化と地域政策	山口二郎	800円
No.98	多治見市の総合計画に基づく政策実行	西寺雅也	800円
No.99	自治体の政策形成力	森啓	700円
No.100	自治体再構築の市民戦略	松下圭一	900円
No.101	維持可能な社会と自治体	宮本憲一	900円
No.102	道州制の論点と北海道	佐藤克廣	1,000円
No.103	自治基本条例の理論と方法	神原勝	1,100円
No.104	働き方で地域を変える	山田眞知子	800円（品切れ）
No.107	公共をめぐる攻防	樽見弘紀	600円
No.108	三位一体改革と自治体財政	岡本全勝・山本邦彦・北良治	1,000円
No.109	連合自治の可能性を求めて	逢坂誠二・川村喜芳	1,000円
No.110	「市町村合併」の次は「道州制」か	松岡市郎・堀則文・三本英司 佐藤克廣・砂川敏文・北島治他	1,000円
		森啓	900円
No.111	コミュニティビジネスと建設帰農	松本懿・佐藤吉彦・橋場利夫・山北博明・飯野政一・神原勝	1,000円
No.112	「小さな政府」論とはなにか	牧野富夫	700円
No.113	栗山町発・議会基本条例	橋場利勝・神原勝	1,200円
No.114	北海道の先進事例に学ぶ	宮谷内留雄・安斎保・見野全・佐藤克廣・神原勝	1,000円

No.16 情報化時代とまちづくり 千葉純一・笹谷幸一 600円
No.17 市民自治の制度開発 神原勝 500円（品切れ）
No.18 行政の文化化 森啓 600円*
No.19 政策法務と条例 阿部泰隆 600円*
No.20 政策法務と自治体 岡田行雄 600円（品切れ）
No.21 分権時代の自治体経営 北良治・佐藤克廣・大久保尚孝 600円
No.22 地方分権推進委員会勧告とこれからの地方自治 西尾勝 500円*
No.23 産業廃棄物と法 畠山武道 600円*
No.24 自治体計画の理論と手法 神原勝 600円（品切れ）
No.25 自治体の施策原価と事業別予算 小口進一 600円*
No.26 地方分権と地方財政 横山純一 600円（品切れ）

No.27 比較してみる地方自治 田口晃・山口二郎 600円*
No.28 議会改革とまちづくり 森啓 400円（品切れ）
No.29 自治体の課題とこれから 逢坂誠二 400円*
No.30 内発的発展による地域産業の振興 保母武彦 600円（品切れ）
No.31 地域の産業をどう育てるか 金井一頼 600円*
No.32 金融改革と地方自治体 宮脇淳 600円
No.33 ローカルデモクラシーの統治能力 山口二郎 400円*
No.34 政策立案過程への戦略計画手法の導入 佐藤克廣 500円*
No.35 「変革の時」の自治を考える 神原昭子・磯田憲一・大和田健太郎 600円*
No.36 地方自治のシステム改革 辻山幸宣 400円（品切れ）
No.37 分権時代の政策法務 礒崎初仁 600円*
No.38 地方分権と法解釈の自治 兼子仁 400円*

No.39 「近代」の構造転換と新しい「市民社会」への展望 今井弘道 500円*
No.40 自治基本条例への展望 辻道雅宣 400円*
No.41 少子高齢社会の自治体の福祉法務 加藤良重 400円*
No.42 改革の主体は現場にあり 山田孝夫 900円
No.43 自治と分権の政治学 鳴海正泰 1,100円
No.44 公共政策と住民参加 宮本憲一 1,100円*
No.45 農業を基軸としたまちづくり 小林康雄 800円
No.46 これからの北海道農業とまちづくり 篠田久雄 800円
No.47 自治の中に自治を求めて 佐藤守 1,000円
No.48 介護保険は何をかえるのか 池田省三 1,100円
No.49 介護保険と広域連合 大西幸雄 1,000円

No.50 自治体職員の政策水準 森啓 1,100円
No.51 分権型社会と条例づくり 篠原一 1,000円
No.52 自治体における政策評価の課題 室埼正之 900円
No.53 小さな町の議員と自治体 佐藤克廣 1,000円
No.55 改正地方自治法とアカウンタビリティ 鈴木庸夫 1,200円
No.56 財政運営と公会計制度 宮脇淳 1,100円
No.57 自治体職員の意識改革を如何にして進めるか 林嘉男 1,000円
No.59 環境自治体とISO 畠山武道 700円
No.60 転型期自治体の発想と手法 松下圭一 900円
No.61 分権の可能性 スコットランドと北海道 山口二郎 600円

No.54 大阪市存続・大阪都粉砕の戦略
地方政治とポピュリズム
高寄昇三 1,200円

No.55 「大阪都構想」を越えて
問われる日本の民主主義と地方自治
編者：(社)大阪自治体問題研究所 1,200円

No.56 翼賛議会型政治・地方民主主義への脅威
地域政党と地方マニフェスト
高寄昇三 1,200円

No.57 なぜ自治体職員にきびしい法遵守が求められるのか
加藤良重 1,200円

No.58 東京都区制度の歴史と課題
都区制度問題の考え方
著：栗原利美、編：米倉克良 1,400円

No.59 七ヶ浜町（宮城県）で考える「震災復興計画」と住民自治
編著：自治体学会東北YP 1,400円

No.60 市民が取り組んだ条例づくり
市長・職員・市議会とともにつくった所沢市自治基本条例
編著：所沢市自治基本条例を育てる会 1,400円

No.61 いま、なぜ大阪市の消滅なのか
「大都市地域特別区法」の成立と今後の課題
編者：大阪自治を考える会 800円

No.62 地方公務員給与は高いのか
非正規職員の正規化をめざして
著：高寄昇三・山本正憲 1,200円

No.63 大阪市廃止・特別区設置の制度設計試案を批判する
いま、なぜ大阪市の消滅なのか Part2
編者：大阪自治を考える会 900円

【福島大学ブックレット 21世紀の市民講座】

No.1 外国人労働者と地域社会の未来
著：桑原靖夫・香川孝三、編：坂本恵 900円

No.2 自治体政策研究ノート
今井照 900円

No.3 住民による「まちづくり」の作法
今西一男 1,000円

No.4 格差・貧困社会における市民の権利擁護
金子勝 900円

No.5 法学の考え方・学び方
イェーリングにおける「秤」と「剣」
富田哲 900円

No.6 今なぜ権利擁護かネットワークの重要性
高野範城・新村繁文 1,000円

No.7 小規模自治体の可能性を探る
保母武彦・菅野典雄・佐藤力・竹内是俊・松野光伸 1,000円

No.8 小規模自治体の生きる道
連合自治の構築をめざして
神原勝 900円

No.9 文化資産としての美術館利用
地域の教育・文化的生活に資する方法研究と実践
辻みどり・田村奈保子・真歩仁しょうん 900円

No.10 フクシマで"家族で語ろう憲法のこと 日本国憲法〈前文〉"を読む
金井光生 1,000円

【地方自治土曜講座ブックレット】

No.1 現代自治の条件と課題
神原勝 800円*

No.2 自治体の政策研究
森啓 500円*

No.3 現代政治と地方分権
山口二郎 500円*

No.4 行政手続と市民参加
畠山武道 500円*

No.5 成熟型社会の地方自治像
間島正秀 500円*

No.6 自治体法務とは何か
木佐茂男 500円*

No.7 自治と参加 アメリカの事例から
佐藤克廣 500円*

No.8 政策開発の現場から
小林勝彦・大石和也・川村喜芳 800円*

No.9 まちづくり・国づくり
五十嵐広三・西尾六七 500円*

No.10 自治体デモクラシーと政策形成
山口二郎 500円*

No.11 自治体理論とは何か
森啓 500円*

No.12 池田サマーセミナーから
間島正秀・福士明・田口晃 500円*

No.13 憲法と地方自治
中村睦男 500円*

No.14 まちづくりの現場から
斉藤外一・宮嶋望 500円（品切れ）

No.15 環境問題と当事者
畠山武道・相内俊一 500円*

No.17 分権段階の自治体と政策法務
山梨学院大学行政研究センター 1,456円

No.18 地方分権と補助金改革
高寄昇三 1,200円

No.19 分権化時代の広域行政のあり方
山梨学院大学行政研究センター 1,200円

No.20 あなたの町の学級編成と地方分権
田嶋義介 1,200円

No.21 自治体も倒産する
加藤良重 1,000円（品切れ）

No.22 ボランティア活動の進展と自治体の役割
山梨学院大学行政研究センター 1,200円

No.23 新版2時間で学べる「介護保険」
加藤良重 800円

No.24 男女平等社会の実現と自治体の役割
山梨学院大学行政研究センター 1,200円

No.25 市民がつくる東京の環境・公害条例
市民案をつくる会 1,000円

No.26 東京都の「外形標準課税」はなぜ正当なのか
青木宗明・神田誠司 1,000円

No.27 少子高齢化社会における福祉のあり方
山梨学院大学行政研究センター 1,200円

No.28 財政再建団体
橋本行史 1,200円

No.29 交付税の解体と再編成
高寄昇三 1,000円

No.30 町村議会の活性化
山梨学院大学行政研究センター 1,000円（品切れ）

No.31 地方分権と法定外税
外川伸一 800円

No.32 東京都銀行税判決と課税自主権
高寄昇三 1,200円

No.33 都市型社会と防衛論争
松下圭一 900円

No.34 中心市街地の活性化に向けて
山梨学院大学行政研究センター 1,200円

No.35 自治体企業会計導入の戦略
高寄昇三 1,100円

No.36 行政基本条例の理論と実際
神原勝・佐藤克廣・辻道雅宣 1,100円

No.37 市民文化と自治体文化戦略
松下圭一 800円

No.38 まちづくりの新たな潮流
山梨学院大学行政研究センター 1,200円

No.39 ディスカッション三重の改革
中村征之・大森弥 1,200円

No.40 政務調査費
宮沢昭夫 1,200円（品切れ）

No.41 市民自治の制度開発の課題
山梨学院大学行政研究センター 1,200円

No.42 《改訂版》自治体破たん・「夕張ショック」の本質
橋本行史 1,200円＊

No.43 分権改革と政治改革
西尾勝 1,200円

No.44 自治体人材育成の着眼点
浦野秀一・井澤壽美子・野田邦弘・西村浩・三関浩司・杉谷戸知也・坂口正治・田中富雄 1,200円

No.45 シンポジウム障害と人権
橋本宏子・森田明・池原毅和・青木九馬・澤静子・佐々木久美子 1,400円

No.46 地方財政健全化法で財政破綻は阻止できるか
高寄昇三 1,200円

No.47 地方政府と政策法務
高寄昇三 1,200円

No.48 政策財務と地方政府
加藤良重 1,400円

No.49 政令指定都市がめざすもの
高寄昇三 1,400円

No.50 良心的裁判員拒否と責任ある参加
市民社会の中の裁判員制度
大城聡 1,000円

No.51 討議する議会
自治体議会学の構築をめざして
江藤俊昭 1,200円

No.52【増補版】大阪都構想と橋下政治の検証
府県集権主義への批判
高寄昇三 1,200円

No.53 虚構・大阪都構想への反論
橋下ポピュリズムと都市主権の対決
高寄昇三 1,200円

[地域ガバナンスシステム・シリーズ]
（龍谷大学地域人材・公共政策開発システム・オープン・リサーチセンター（LORC）…企画・編集）

No.1 地域人材を育てる自治体研修改革 土山希美枝 900円

No.2 公共政策教育と認証評価システム 坂本勝 1,100円

No.3 暮らしに根ざした心地よいまちのためのガイドブック 1,100円

No.4 持続可能な都市自治体づくり 1,100円

No.5 英国における地域戦略パートナーシップ 編：白石克孝、監訳：的場信敬 900円

No.6 マーケットと地域をつなぐパートナーシップ 編：白石克孝、著：園田正彦 1,000円

No.7 政府・地方自治体と市民社会の戦略的連携 的場信敬 1,000円

No.8 多治見モデル 編著：大矢野修 1,400円

No.9 市民と自治体の協働研修ハンドブック 土山希美枝 1,600円

No.10 行政学修士教育と人材育成 坂本勝 1,100円

No.11 アメリカ公共政策大学院の認証評価システムと評価基準 早田幸政 1,200円

No.12 イギリスの資格履修制度 資格を通しての公共人材育成 小山善彦 1,000円

No.13 炭を使った農業と地域社会の再生 市民が参加する地球温暖化対策 井上芳恵 1,400円

No.14 対話と議論で〈つなぎ・ひきだす〉ファシリテート能力育成ハンドブック 土山希美枝・村田和代・深尾昌峰 1,200円

No.15 「質問力」からはじめる自治体議会改革 土山希美枝 1,100円

[地方自治ジャーナルブックレット]

No.1 水戸芸術館の実験 森啓 1,166円（品切れ）

No.2 政策課題研究研修マニュアル 首都圏政策研究・研修研究会 1,359円（品切れ）

No.3 使い捨ての熱帯雨林 熱帯雨林保護法律家ネットワーク 971円（品切れ）

No.4 自治体職員世直し志士論 童門冬二・村瀬誠 971円 *

No.5 行政と企業は文化支援で何ができるのか 日本文化行政研究会 1,166円（品切れ）

No.6 まちづくりの主人公は誰だ 浦野秀一 1,165円

No.7 パブリックアート入門 竹田直樹 1,166円（品切れ）

No.8 市民的公共性と自治 今井照 1,166円（品切れ）

No.9 ボランティアを始める前に 佐野章二 777円

No.10 自治体職員の能力 自治体職員能力研究会 971円

No.11 パブリックアートは幸せか 山岡義典 1,166円 *

No.12 市民が担う自治体公務 パートタイム公務員論研究会 1,359円

No.13 行政改革を考える 山梨学院大学行政研究センター 1,166円（品切れ）

No.14 上流文化圏からの挑戦 山梨学院大学行政研究センター 1,166円

No.15 市民自治と直接民主制 高寄昇三 951円

No.16 議会と議員立法 上田章・五十嵐敬喜 1,600円 *

No.17 東アジア中山間地域の内発的発展 日本・韓国・台湾の現場から 清水万由子・尹誠國・谷垣岳人・大矢野修 1,200円

No.18 カーボンマイナスソサエティ クルベジでつながる、環境、農業、地域社会 編著：定松功 1,400円

「官治・集権」から
　　　　「自治・分権」へ

市民・自治体職員・研究者のための
自治・分権テキスト

《出版図書目録 2014.4》

公人の友社

〒120-0002　東京都文京区小石川 5-26-8
TEL　03-3811-5701
FAX　03-3811-5795
mail　info@koujinnotomo.com

- ●ご注文はお近くの書店へ
  小社の本は、書店で取り寄せることができます。
- ●＊印は〈残部僅少〉です。品切れの場合はご容赦ください。
- ●直接注文の場合は
  電話・FAX・メールでお申し込み下さい。
    TEL　03-3811-5701
    FAX　03-3811-5795
    mail　info@koujinnotomo.com

（送料は実費、価格は本体価格）